신의세계현실(저승)

한국정통무속신내림연구원

신내림 전문가 김 종 기

무료상담 010-9404-4605

인사말

안녕하십니까? 저는 신내림 전문가 송경법사 김종기라고 합니다.

우리 무속세계가 아주 먼 옛날부터 현재까지 그 맥을 이어 오고 있지만 신의 세계가 밝혀진 바가 없어 우리 무속인들이 큰 어려움을 겪고 있습니다. 현재 우리 무속인들은 신내림굿을 하여 신을 받았다고는 하지만 어느 조상님이 신령으로 오시며 어느 조상님이 무슨 명패를 받고 오시는지 아는 사람은 아무도 없습니다. 과거에 철학자 서정범 교수가 아침마당 방송에 출연하여 무속인 3천명을 만나 무슨 신을 받았느냐고 물어보았더니 어떤 신이 있는지는 모르고 장군신이 있다는 것만 알고 있었다고 했습니다. 또 어떤 민속학자는 신은 눈으로 보이지 않고 과학적으로 연구가 되지 않기 때문에 아무도 알 수 없다고 했습니다. 저 역시 신이 있는지 없는지 조차 모르고 20년 동안 무속인 생활을 해왔습니다. 그러던 2005년 '대동경문집'을 펴내면서 전국 각지에서 찾아오는 무속인들을 상대로 하여 많은 것을 체험하여 신의 세계 현실을 알게 되어 2007년에 신내림굿을 직접 해보왔습니다. 그런데 신의 세계 현실은 우리가 상상조차 할 수 없을 만큼 너무 신기했습니다. 이승에 살아있는 자손이 저승에 계신 조상님을 만난다고 생각해 보십시오. 어느 누구도 이해가 되지 않을 것입니다. 그러나 신의 세계는 령의 세계입니다. 사람은 육신과 영혼이 있습니다. 신내림굿 할 때 선생 신령님의 원력으로 제자 영혼을 천상으로 보내어 조상님들이 도 닦는 곳으로 인도하여 조상님을 만나 제자와 어떤 관계인지 알아보고 제자 몸으로 받고 신

령의 모습을 보며 신령의 명패를 찾아드려 인간 세상에 내려오시

도록 하는 신내림굿 우리 무속인들이 원하는 신내림굿이 아닙니

까? 현재 우리 무속인들은 이와 같은 신의 세계 현실 몰라 신내

림굿을 하고도 숫을굿이다 불릴굿이다 하면서도 답답한 마음으

로 사경을 헤매고 온가족이 신의 풍파로 어려움을 겪고 있는 것

이 현실입니다. 무속인 여러분 이 시간에도 무속인 여러분들의

조상신령님들은 옥황상제로부터 신령의 명패를 받아 천상에 각

자 기도터에서 자손이 찾아오기만을 손꼽아 기다리고 계십니다.

한시라도 빨리 신령의 명패를 찾아드려 조상님들 한을 풀어드리

고 온가족들은 신의 풍파를 겪지 않고 편안히 살고 제자는 저승

세계 현실을 보고 다스리며 저승의 지옥 성황에 묶여있는 사람도

구제하여 좋은 곳으로 보내주고 남의 몸에 감겨있는 귀신도 잡아

내어 제자 몸에 접신하여 귀신이 하는 말과 행동을 그대로 대변하고 쳐낼 수 있는 제자가 되어 많은 사람들로부터 인정받고 존경받는 무속인들이 되었으면 하는 바람으로 신의 세계 현실을 자세하게 설명 드렸습니다. 의심치 마시고 직접 체험하셔서 똑똑한 제자로 성장하여 인정받고 존경받는 무속인이 되십시오.

4

목 차

무속인들의 현실 13

경문의 중요성 22

외가나 재혼한 조상님은 오실 수 없다. 35

엄마가 무당인데 왜? 딸도 무당이 되는가? 49

신령은 제자가 부린다. 56

부모는 돌아가시고 60일이 지나면 신령으로 오신다. 64

신령은 공석이 없다. 79

신내림굿 82

신령으로 오시는 조상님 …… 87

조상님이 받고 오시는 신령의 명패 …… 90

법사선생이 알아야 할 사항 …… 94

신 받는 과정 …… 100

미혼남성(여성)의 내림굿 …… 213

천존 …… 289

무속인들의 법당 …… 291

법당 점안식 …… 296

제자축원 …… 301

신령축원 …… 304

법당기도 ······ 307

성황 ······ 312

성황 푸는 법 ······ 317

기도 ······ 321

선생의 임무 ······ 334

제자의 주의사항 ······ 336

대감 모셔 주는 법 ······ 418

고사 ······ 420

삼재풀이 ······ 424

신제자 테스트 ······ 426

무속세계의 굿 ······ 430

대감놀이 ······ 442

무속인이 많은 이유 ······ 450

상문과 주당 ······ 454

계룡산과 닭과 계란 ······ 459

법사 공부 ······ 462

초경 ······ 466

육계주 ······ 466

부정경 ······ 469

제가집 거주성명 ······ 471

산신축원 477

신장봉청 494

성조축설경 501

가택축원 505

성조풀이 510

팔괘축원 516

조상축원 522

사자축귀경 533

만조상해원경 537

회심해원경 546

10

육십갑자해원경 ·········· 562

청춘남녀해원경 ·········· 583

지옥풀이 ·········· 593

천지팔양신주경 ·········· 599

옥추경 ·········· 624

위패 쓰는 법 ·········· 651

● 무속인들의 현실

옛날 양반, 하인 찾던 시절에 양반댁 자손들은 귀한 집 자손이라고 하여 키우기가 어려워 양반댁에서는 할머니나 어머니들이 장독대에 정한수를 떠다 받치고 천지신명께 빌었습니다. 그 조상님들이 돌아가셔서도 그 공줄의 맥을 이어 천상에서 자손들을 위하여 빌고 계십니다. 자손들을 위하여 빌고 계시는 조상님들은 많지만 그중에서도 능력 있는 조상님들한테 옥황상제께서 신령의 명패를 주어 인간 세상에 내려가 자손을 제자 삼아 구제중생

하시라고 보내셔서 무속인들이 나오는 것입니다. 우리 조상님들은 신령의 명패를 받아 각자 기도터에서 자손이 찾아오기를 기다리고 계십니다. 신내림굿이란 말 그대로 천상에 계신 신령님들을 인간 세상으로 내려오시도록 하는 것이 신내림굿인데 저자를 포함한 우리 무속인들은 신굿만하면 신령님들이 스스로 제자한테 오시는 줄만 알고 방에서 뛰고 춤추다가 "누구세요?" 물어보면 어느 조상님이 접신하여 말씀을 하시면 말문 텃다고 잘 받았다고 신굿을 끝내는 것이 우리 무속인들의 현실입니다. 2007년 신의 세계 현실을 알고 보니 신령님들은 육신이 없기 때문에 제자 몸을 이용하여 인간 세상에 내려오십니다. 때문에 신내림굿을 할 때 제자가 직접 조상신령님들이 계신 곳으로 찾아갈 수 있도록 선생이 인도하여 조상님을 만나게 해주고 인간사 제자와 어떤 관계인지 알아보고 몸으로 받고 신령의 모습을 보며 신령의 명패를 찾아드려 인간 세상에 내려오시도록 하는 것이 신내림굿이라는 것을 알았습니다. 또한 신령님들은 대우를 해드린다고 재물차려 옷 해주는 것을 원하시지 않고 신령의 명패차고 제자 몸으로 들어오셔서 신령으로 활약하시는 것을 원하십니다. 인간 세상으로 말하면 장관 임명장을 받고 취임식을 하여 장관자리에 앉아 권력행세를 하는 것과 같다고 생각하면 됩니다. 그래야 굿을 할 때 선생이 경문하면 제자 몸에 계신 신령님들이 경문을 듣고 활약하시기 때문에 제자가 저승 세계 현실을 보고 다스릴 수 있는 것입니다. 즉 천지팔양경을 들으면 제자 몸에 계신 장군님이 경문을 듣고 힘을 내어 남의 몸에 감겨있는 귀신도 끌어내어 제자 몸으로 접신하여

16

귀신이 하는 말과 행동을 그대로 대변하고 쳐내고
저승의 지옥에서 고통 받는 모습도 볼 수 있으며,
지옥에서 풀려나와 조상님들과 같이 살 수 있도록
해주는 것이 무속인들이 말하는 구제중생입니다.
이 모두가 신령님들이 하시는 일입니다。 그러나
현재 우리 무속인들은 신의 세계 현실을 몰라 신을
제대로 받지 못하여 임시 조상으로 왕래하시며 점
은 조금 봐주고는 있지만 신령의 명패를 찾아 달라
고 자손들마다 찾아 다니며 접신하기 때문에 우리
무속인들의 현실을 보면 엄마도 무당, 딸도 무

당, 언니도 무당, 동생도 무당, 사촌간에도 무당, 언니, 올케, 누나, 동생도 무당, 엄마는 무당, 아들은 박수, 남편은 스님 온가족이 신의 풍파로 어려움을 겪고 있는 것이 현실입니다. 뿐만 아니라 신의 세계 현실을 모르다 보니 마음대로 받고 마음대로 보내고 마음대로 모시고 합니다. 도줄이다, 약줄이다, 천신줄이다, 불사줄이다, 신이 높다 낮다, 조상은 보내고 천신만 받았다, 시댁, 친정, 외가 삼불을 받았다, 인현황후를 모셨다, 명성황후를 모셨다, 이혼했기 때문에 친정과 외가만 받았다,

친불은 무식해서 신으로 못 오시고 외가에서 다 오셨다, 꿈으로 다 받았다, 기도하면서 받았다, 자다가 말문 터졌다, 친정할아버지가 선관도사 시댁 5대 할아버지가 약명도사, 친정아버지가 약명도사, 친정아버지가 주장신장장군, 친정아버지가 백마장군, 친정아버지가 계백장군, 이씨라서 이순신장군을 받았다. 외할아버지가 약명도사, 시아버지가 건립장군, 시동생이 건립장군, 친정 아버지가 오방장군, 아버지는 신으로 올 수 없다, 최영장군을 받았다, 아버지가 군응장군, 아버지가 대감, 시댁 4

대 할아버지가 대감, 외할머니가 대신할머니, 시댁 2대 할머니가 대신할머니, 처갓집 할머니가 대신 할머니, 팔보살이 대신할머니, 천수천안관자재보 살이 대신할머니, 엄마는 가신지 10년밖에 안되 어 공부중이라 못오신다, 엄마는 객사해서 못오신 다, 엄마는 법당에 못들어 가고 건립에 계신다, 친 정 아버지는 건립에 9대궁할머니가 대신할머니, 엄마는 꽃대신, 외에도 이루 말할 수 없이 많다. 무당은 성도 각각 신도 각각 천신만신이라고 한 다. 이와 같이 우리 무속인들이 신의 세계 현실을

20

모르고 제자의 길을 가고 있다는 것입니다. 늦었지만 이제라도 신의 세계 현실을 밝혀 답답했던 무속세계를 벗어나 밝은 미래를 볼 수 있도록 자세하게 설명드리오니 직접 신의 세계 현실을 체험해보십시요. 신내림 연구원을 찾아와 신내림굿을 하신 분들중에는 무속인 25년 70세 30년 70세, 해남에서 오신 스님 70세, 자손들과 본인 자신을 위하여 신내림굿을 하셨습니다. 신령의 명패만 찾아 드리면 답답한 것도 궁금한 것도 없이 건강이 따라 주는 날까지 똑똑한 제자로 온가족이 편안히 살아 갈 것입니다.

◉ 경문의 중요성

모든 경문은 우리 무속의 생명과도 같다. 경문이 없으면 아무일도 할 수 없기 때문이다. 신의 세계 현실을 알고 보면 모든 신은 경문으로 다스리며 경문에 의해 움직이고 신령님들은 경문을 듣고 힘을 내서 활약하시고 조상님들은 업을 닦는다. 그중에도 중요한 경문은 천지팔양경과 옥추경이다. 천지 팔양경과 옥추경이 없으면 이승에 떠도는 귀신들을 다스릴 수가 없다. 일부 무속인들이나 스님들은 법당에서 천지팔양경을 하면 조상이 다 도망가서 점을 볼 수 없기 때문에 천지팔양경을 금하고 있는 줄로 알고 있다. 이와 같이 무속인들이나 스님들이 신의 세계 현실을 모르고 있다는 것이다. 천지팔양경은 이승과 저승을 통하는 경문으로서 흐린 정신을 맑게 해주고 조상님들은 업을 닦고 신령님들은 경문을 듣고 힘을 내어 저승세계 현실을 보고 다스린다. 우리 무속인들한테는 귀신을 다스리는 호구별상장군과 천하장군이 오신다. 그렇지

23

만 장군이 스스로 활약하시는 것은 아니다. 장군
이 할약할 수 있도록 선생이 천지팔양경이나 옥
추경을 하여 힘을 실어 주어야 한다. 제자 몸에
계신 장군이나 남의 몸에 감겨있는 귀신들은 다
른 경문에는 움직이지 않고 천지팔양경이나 옥
추경을 해야 잡신은 무서워서 움직이고 장군은
경문을 듣고 힘을 내어 귀신을 다스린다. 옛말에
하인이 똑똑해야 양반 노릇도 한다는 속담이 있
다. 이와 마찬가지로 우리 무속인들도 제자가 똑
똑해야 신령님들도 힘을 내서 귀신들을 마음대

로 다스린다. 때문에 법사선생은 경문지식을 충분히 갖추어야 선생의 신령님들이 힘이 있기 때문에 귀신들을 마음대로 다스린다. 경문지식을 충분히 갖춘 선생은 신령님들도 조상님들도 존중하고 잡신들도 무서워한다. 선생 인간을 무서워 하겠는가? 선생의 장군님들을 무서워 하는 것이다. 그러나 경문지식을 갖추지 못한 법사선생은 잡신들도 무시하기 때문에 귀신을 다룰 수가 없다.

사례1 2005년 전주에서 어느 무속인이 상담을 요청했다. 사연을 들어보니 6개월 동안 사람의 그림자도 볼 수 없고 어디서 전화 한 통화 오는 데가 없어 유명하신 선생님들을 모셔다가 별짓을 다해 보아도 아무 소용이 없어 무속인을 그만 두려고 법당을 철상하여 밖에다 내놓고 방에 앉아 있으니 대동경문집을 집필하신 김종기 선생님이 문득 떠올라 전화 드렸습니다. 선생님 마지막으로 저의 집에 한번 와주시면 안되요? 하고 간절히 요청을 했다. 전주에 내려가 무속인 집에 들어서자 무속

26

인이 하염없이 눈물을 흘리며 속으로 흐느끼며 울
고 있었다. 왜 우느냐고 물었더니 모르겠어요 선
생님께서 오시니까 저도 모르게 눈물이 나오며 마
음이 슬퍼요 하는 것이다. 무슨 이유가 있겠지 하
며 다시 법당을 정돈하고 무속인을 합장시켜 앉혀
놓고 천지팔양경을 하고 나서 무엇을 보았느냐고
물었더니 법당 단상에 시커먼 큰개가 앉아 있다가
선생님이 경문하시니까 뛰어내려 밖으로 도망
갔습니다. 그제서야 눈물이 멈추고 웃음을 보였다.
그동안 법사선생들이 많이 다녀갔지만 경문지식

이 없어 귀신을 다룰 능력이 없기 때문에 잡신들조차 무시하고 단상에 앉아 대우를 잘 받고 있었는데 경문지식을 충분히 갖춘 선생이 들어가니까 잡신이 먼저 알고 쫓겨나게 되니까 서러워서 울고 있었던 것이다. 며칠 후 연락을 해보았더니 이튿날부터 손님이 들어온다고 했다. 후로 몇 개월이 지나 계룡산 영보굿당에 일을 갔는데 전주에 그 무속인이 일을 하고 가면서 신복을 놓고 가길래 제자가 신복도 놓고 간다고 했더니 굿당 주인이 그 방은 전주보살이 일이 많아 전용으로 쓰고 있다고 했다. 그러면서도 고마워하는 마음은 조금도 보이지 않았다. 이것이 현재 우리 무속인들의 현실이다. 이와 같이 천지팔양경은 제자법당축원으로 사용하면 좋다. 그러나 현재 우리 무속인들은 경문을 중요하게 생각하지 않는다. 때문에 귀신을 쳐낸다고 사람을 때려 죽게하고 물속에 넣어 죽게 하고 소금물에 고춧가루 타서 먹이고 그렇게 한다고 귀신이 나갑니까? 이것은 귀신 잡는 것인지 사람 잡는 것인지 도무지 알 수 없으며 부끄러운 일이 아닌 수 없다. 모두가 법사선생의 책임이다. 아무 죄 없는 제자 인생만 망쳐 놓는 것이다. 제자가 일을 맡아 법사선생을 모셔다가 일을 하는데 선생이 귀신을 다스릴 능력이 없어 일이 잘못되면 구설과 비난은 일 맡은 제자가 든든다. 때문에 제자도 일을 맡으면 경문지식을 충분히 갖춘 법사선생을 모셔다가 일을 해야 덕을 보고 제자도 이름나는 것이다. 힘 없는 잡신들은 천지팔양경도 무서워하고 도망가지만 이무기같이 힘 있고 조폭같이 강한 귀신들은 많이 닦았기 때문에 천지팔양경은 견딜만한 힘이 있어 움직이지 않지만 옥추경에는 아무리 힘 있고 강한 귀신도 견디지 못하고 도망간다.

사례2 2009년 경상남도 고성 무속인 10년.

이때만 해도 제자 몸에 계신 신령님들이 어떻게 활약하시는 줄도 몰랐었고 제자 역시 저승 세계 현실을 보고 다스릴 수 있도록 키우지도 못했었다. 내림굿을 시작하기 전에 제자 몸에 감겨있는 잡신들을 쳐내기 위하여 천지팔양경을 했는데도 신 받는 제자가 아무런 반응이 없어 깨끗한가 보다 생각하고 내림굿을 시작하여 천상에 조상신령님들이 계

31

신 곳으로 인도를 하는데 신 받는 제자가 앞이 캄캄하여 보이지 않아 갈 수가 없다는 것이다. 다시 천지팔양경을 하고 인도를 해도 앞이 보이지 않아 가지 못하고 제자리에 서 있다는 것이다. 몇 시간을 실랑이 하다가 제자 세 명을 뒤에다 앉혀 놓고 옥추경을 하였더니 그제서야 신 받는 제자가 큰 고통을 느끼며 몸을 비틀었다. 그러자 광주에 제자가 선생님 등에서 큰 지네가 살을 뚫고 나오는데요 새끼까지 있어요 하며 제자의 몸에 계신 천하장군이 나오셔서 오방기를 들고 지네를 다 끄집어 냈다고 했다. 신 받는 제자한테 어떻게 된거냐고 물었더니 어느 절에 가서 부처님 앞에서 기도를 하는데 벽에서 큰 지네가 내려와 몸이 섬찟하였는데 그때부터 몸이 좀 이상했다고 했다. 다시 옥추경을 했더니 신 받는 제자가 두 손으로 이마를 감싸고 고통을 느끼며 옆으로 쓰러지자 대전에 제자가 선생님 짝사랑하던 사람이라는데요 다시 신받는 제자한테 어떻게 된거냐고 물었더니 좋다고 쫓아다니던 남자가 있었는데 오토바이 사고로 죽었다고 했다. 살아서도 쫓아다녔는데 죽었으니 얼마나 좋다

33

고 들어갔겠는가. 이와 같이 몸에 들어가 무속인이 기도할때마다 닦았으니 천지팔양경은 견딜 수 있는 힘이 있었기 때문에 움직이지 않고 있다가 옥추경에는 견디지 못하고 정체를 들어낸 것이다. 이렇게 다 쳐내고서야 조상신령님들이 계신 곳을 찾아 다니며 조상님을 만나 몸으로 받고 신령의 모습을 보며 신령의 명패를 찾아 드렸다. 보는 바와 같이 옥추경은 천지팔양경보다 엄청난 위력을 가지고 있다. 우리 무속인들이 이와 같은 경문의 중요성과 신의 세계 현실을 알고 무속인의 길을 간다면 귀신에 감겨 미쳐서 정신병원에 가는 일은 없을 것이다.

● 외가나 재혼한 조상님은 오실 수 없다.

우리 무속인들은 아무것도 모른체 서로 만나 결혼하여 자식을 낳고 살지만 서로가 공줄이 있는 자손들끼리 만나게 된 것이다. 이것이 천지신명이 맺어준 인연이다. 때문에 인간은 서로가 헤어지면 남이 되지만 조상님들은 한 번 맺어진 사돈지간은 파할 수가 없다. 이것은 천지신명의 뜻이다. 그렇기 때문에 신령으로 오시는 조상님들도 옥황상제께서 시댁조상님과 친정조상님을 한 팀으로 구성하여 신령의 명패를 주어 인간 세상에 내려가 자손을 제자 삼아 구제중생하시라고 인간 세상에 보내신 것이다. 옛날 어른들 말씀에 한 번 시집가면 영원히 그 집 귀신이 된다 하시던 말씀과 같이 이 세상에서는 헤여져 남이 되었지만 죽어서 저 세상에가면 다시 만난다. 때문에 시댁조상님들과의 관계를 끊을 수 없다. 재혼을 한다해도 첫 백년의 조상님들이 따라 다닌다. 많은 무속인들을 상담해 보앉았지만 대부분의 무속인들이 이혼했다고 시댁조상님은 받지 않고 친정조상님과 외가조상님만 받았다는 무속인도 있고 친정조상님과 외가조상님 재혼한 조상님을 받았다는 무속인들도 있었다. 신을 제대로 받지 않았기 때문에 본인들 마음대로 생각하고 있다.

※ **참고** 외갓집 조상님이나 재혼하여 자식을 낳았어도 재혼한 조상님은 오실 수도 없고 오시지도 않는다. 또 받았다고 오신 것도 아니고 모셨다고 계

시지도 않는다. 제자하고는 아무런 관계가 없는 조상님들이다. 모른다고 남의 말만 믿을 것이 아니라 세상 이치를 생각해 봅시다. 외갓집 조상님이 신령의 명패를 받은 것은 사실이지만 제자를 삼으신다면 가까운 자손 아니면 손자, 손녀한테 가시지 겹사돈댁, 외손녀 딸한테 가시겠는가? 제자여러분들 자신을 놓고 생각해 보면 이해가 될 것이다.

사례 2007년 경상남도 창원 무속인 3년.

미혼여성이 제자는 엄마, 아버지, 할머니까지 살아

계셨다. 신령으로 오실 수 있는 조상님은 단 세분한 자리는 어느 조상님이 오실 것인가? 신의 세계현실을 모르는 무속인들은 당연히 외갓집 조상님이 오실 것이라고 생각하겠지만 이 제자는 천상에계신 조상신령님들을 직접 찾아다니며 조상님을만나 인간사 제자와 어떤 관계인지 알아본 다음 몸으로 받고 신령의 모습을 보며 신령의 명패를 찾아드리니 세분 조상님들이 모든 명패를 다 받아 오셨다. 3대 할아버지 일월선관도사, 3대 할머니 용

3대 할머니, 3대 할아버지, 2대 할아버지. 부족

39

궁마마 선녀대신 불사대신 1인 2역, '2대 할아버지 산신약명도사, 호구별상장군, 산신불사글문대감', 천하장군 1인 4역을 하신다. 사람은 한사람이지만 신령의 명패에 따라 모습은 다르다. 이와 같이 신의 세계 현실을 본인들이 직접 체험해 보지 않으면 아무도 모른다.

※**참고** 앞에서 보는 바와 같이 외갓집 조상님은 오실 수도 없고 오시지도 않는다. 제자의 길을 가는 데는 이혼을 했다 해도 시댁조상님들을 잘 받들어

야 한다. 또한 시댁 조상님들이 중요한 신령의 명패를 받고 오신다. 친정조상님들은 힘이 없다. 신을 제대로 받지 않아 시댁조상님을 받지 않았다고 가신 줄 알지만 시댁조상님은 항상 제자를 따라다니며 제자를 도와주신다. 제자의 자식들은 어느 조상님의 자손인가? 시댁조상님은 이 자손들을 살리기 위하여 제자를 도와주신다. 때문에 제자는 모든 행동을 조심해야 한다. 단 신령의 명패를 찾아달라고 어렵게 하는 것도 사실이다. 제자가 잘 못하여 시댁조상님들이 화가 나시면 친정조상님들은 권한이 없기 때문에 시댁조상님들한테 자손의 잘못을 용서해달라고 빌으신다. 때문에 친정조상님들을 생각해서라도 시댁조상님들을 잘 받들어야 한다. 그래야 제자가 살 수 있다.

사례 2013년 전라남도 광양 무속인 10년.

내림굿을 하기 전에 신 받는 제자 몸에 감겨있는 잡신을 쳐내려고 천지팔양경을 하여 모두 쳐내고 내림굿을 시작하여 천상에 조상신령님들이 계신 곳으로 인도를 하는데 앞이 캄캄하여 가지 못하겠다고 하여 다시 천지팔양경을 하여 앞이 보이도록 해주고 다시 인도하는데 그 자리에서만 맴돌고 있었다. 신 받는 제자를 혼자 앉혀 놓고 시댁조상님께 그 동안 살아오면서 모든 잘못을 용서해달라고 고해성사를 시켰다. 신 받는 제자가 대성통곡을 하며 한참동안 조상님들께 살려달라고 빌었다. 다시 시작하여 조상신령님들이 계신 곳으로 인도를 하는데 앞은 보이는데 발걸음이 떨어지지 않아 가지 못하겠다고 하여 백팔염주를 주며 백팔배를 시켰다. 선생은 옆에서 조상님들 마음을 풀어드리려고 육갑해원경을 해주었다. 이렇게 반복하기를 열다섯 번 조상님들 마음이 조금은 풀리셨는지 보여줄 것은 보여주셔서 조상님이 계신 곳을 찾아가 조상님을 만났는데 조상님이 하시는 말씀을 알아듣지 못하도록 신 받는 제자 귀를 막아 놓았다. 조상님들이 하시는 말씀을 알아듣지는 못하지만 보이기는 하니까 조상님들이 계신 곳을 잘 찾아다니며 조상님을 만나 제자 몸으로 들어오시면 춤으로 답변을 하시고 선생이 여쭈어 보는 말에는 말씀을 잘하셨다. 시댁 3대 할아버지 일월선관도사님을 호

44

명하여 왜? 제자 귀를 막아 신령님들이 하시는 말씀을 알아듣지 못하게 하느냐고 여쭈어 보았더니 일월선관도사님 하시는 말씀이 선생님 다 이유가 있답니다 하고 말씀하셨다. 그래서 어려움은 많았지만 3박 4일만에 내림굿을 무사히 마치고 지리산 장군바위에 기도를 하러 데리고 갔다. 3박 4일을 기도했는데도 제자가 신령님이 하시는 말씀을 알아듣지 못하고 방에 들어와서도 훌쩍거리며 울고 있었다. 제자는 왜 우느냐고 물었더니 친정아버지 호구별상장군님과 친정 2대 할머니
45

호구별상 용궁마마 선녀대신이 시댁 2대 할머니 불사대신 할머니 앞에 무릎 꿇고 앉아서 우리 자손 살려달라고 빌고 계시는 모습을 보니 가슴이 찢어지는 것 같다며 울음을 그칠 줄 몰랐다. 제자를 데리고 산신당에 올라가 앉혀놓고 시댁 3대 할아버지 일월선관도사님을 호명하였다. 예 일월선관도사입니다. 일월선관도사님 제자 귀를 언제까지 막아 놓을 겁니까? 선생님 키는 불사대신이 가지고 있습니다 라고 하셨다. 다시 불사대신 할머니 오시라고 해. 예 불사대신입니다. 불사대신 할머니
시라고 해. 예 불사대신입니다. 불사대신 할머니

46

왜 제자 귀를 안 열어 주시는 거예요? 이 자리에서 당장 열어주지 않으면 불사대신 명패 박탈시키고 위에 3대 할머니 드린다고 협박을 했더니 불사대신 할머니가 겁이 나셨던지 분통하여 대성통곡을 하시며 이년 괘씸해서 3년이고 4년이고 귀를 막아 놓으려고 했는데 선생님이 강압하시니 열어주기는 하겠습니다만 두고 볼 것입니다 하시며 그 자리에서 귀를 열어주시니 제자가 신령님들이 하시는 말씀을 알아들으니 살 것 같다며 너무 좋아 하였다. 옛날 어른들 말씀에 딸 갖은 죄인이라고 하시던 말씀이 현실에서 볼 수 있었다. 보는 바와 같이 이혼 했다고 시댁조상님들을 무시하고 받들지 않으면 앞에서 보는 제자와 같이 친정조상님들은 죄인의 마음으로 도와 줄 힘이 없다. 우리 인간사로 생각 해보면 이해가 될 것이다. 예를 들어 딸이 결혼하여 친정어머니가 결혼한 딸네집에 갔다 시어머니 가 사돈 오셨다고 반기며 시어머니와 친정어머니 가 앉아서 정답게 얘기하면 친정어머니의 마음도 편안한데 친정어머니 혼자 앉혀 놓고 시어머니는 밖에 나가 일을 하고 있으면 딸네집이라고해도 친정어머니가 혼자서 편안히 쉴 수 있겠는가? 현재 우리 무속인들도 마찬가지다. 시댁조상님들이 들어오지 않으면 친정조상님들은 권한이 없기 때문에 도와주고 싶어도 도와줄 수가 없다. 때문에 이혼을 했다 하더라도 시댁조상님들을 잘 받들어야 친정조상님들도 자손을 도와 줄 수가 있다.

◉ **엄마가 무당인데 왜? 딸도 무당이 되는가?**

사례 2009년 전람남도 광주 무속인 5년.

이 무속인의 사연을 들어보니 신의 풍파로 남편과 이혼하고 삼남매를 데리고 살다가 무속인이 되었다고 한다. 신을 받아 무속인을 하고 있는데도 자식들이 되는 일이 없고 딸은 무당인 엄마보다 더 아는 소리를 잘하고 손님이 오는 것을 딸이 먼저 알고 있다는 것이다. 그러던 어느날 신도 한사람이 와서 하는 말이 보살님은 남들은 빌어 주면서 왜 자식들은 빌어주지 않아 자식들이 하는 일도 없이 저렇게 집에서 빈둥거리며 놀고 있느냐고 하는데 부끄러워서 쥐구멍이라도 있으면 들어가고 싶은 심정이었다고 했다. 바로 간판을 내리고 신내림 연구원을 찾아왔다고 했다. 상담을 해주고 바로 날을 잡아 계룡산 천임굿당에서 내림굿을 하는데 천지팔양경을 하여 신 받는 제자 몸을 깨끗이 털어내고 천상에 조상신령님들이 계신 곳을 찾아갈 수 있도록 인도하였다.

선생 : 제자 앞에 잔잔한 숲속인데 산으로 올라가는 오솔길이 있다.

제자 : 예 있습니다.

선생 : 산으로 올라가면서 숲속에 무엇이 있는가?

제자 : 잘 보며 올라가 봐.

제자 : 멀리 초가지붕이 보입니다.

선생 : 그러면 초가집 있는 곳으로 가 봐.

제자 : 초가집 앞에 왔는데요. 수수대로 울타리가 되어 있고 작은 싸릿문도 있습니다.

선생 : 그러면 집안으로 들어가 봐.

제자 : 집안으로 들어 왔는데 사람은 보이지 않고 마당에 장독대가 있습니다.

선생 : 그러면 부엌으로 들어가 봐.

제자 : 부엌에 들어 왔는데 시어머니가 계십니다.

선생 : 또 부엌에 무엇이 있나 봐.

제자 : 큰 가마솥이 있는데 아궁이에는 불이 집혀져 있고 가마솥에서는 김이 모락모락 납니다.

선생 : 가마솥에 무엇이 있나 솥뚜껑을 열어 봐.

제자 : 밥 한 그릇이 있습니다.

선생 : 시어머니한테 솥에 있는 밥 누구 줄거냐고 여쭤 봐.

제자 : 손녀딸 줄거랍니다.

선생 : 시어머니가 손녀딸이라고 하면 지금 아는 소리한다는 제자 딸 아니야?

제자 : 네 맞습니다. 이번에 선생님 찾아가지 않았으면 제 딸이 무당될 뻔 했습니다.

선생 : 시어머니는 신령으로 오실 수가 없는데 제자가 신을 제대로 받지 않아 시댁조상님들이 딸한테 가시려고 저렇게 준비하시고 딸한테 왕래하시기 때문에 딸이 아는 소리를 하는 것이다. 이제 엄마가 신을 제대로 받으면 딸은 괜찮을 것이다. 천상에 계신 조상님을 찾아다니며 조상님을 만나 인간 사제자와 어떤 관계인지 알아보고 몸으로

54

받고 신령의 모습을 보며 신령의 명패를 찾아드리고 나서야 안심하는 표정을 지었다.

신내림굿을 하고 한 달도 되지 않아 10년 동안 자식들 한 번 찾지 않던 남편이 갑자기 찾아와 두 아들을 먹고 살게 해준다고 데리고 가고 아는 소리를 하던 딸은 정상인이 되어 결혼하여 아들 딸 낳고 잘 살고 있다면서 선생님 덕분에 편안한 마음으로 제자의 길을 간다며 고맙다는 말을 전해왔다.

다른 무속인들도 예외는 아니다. 명패를 찾

아 달라고 어려움을 주는 것은 사실이지만 신령의 명패만 찾아드리면 자손들이 편안히 살 수 있도록 제자의 가정부터 밝혀주신다.

● 신령은 제자가 부린다.

제자(법사)가 신령을 부릴 수 있는 것은 그만큼 제자(법사)가 공부가 되었을 때 가능하다. 제자(법사)가 경문지식을 충분히 갖추어져 있을때 신령님도 힘이 있기 때문에 경문을 듣고 힘을 내어 활약하실 수 있는 것이다.

사례 2005년 경상북도 경주시 양남면에서 어느 부인한테 전화가 왔는데 남편이 무속인인데 동네 성황당에 인사만 하고 온다면서 성황당에 갔다가 집에 오더니 갑자기 몸이 불덩이가 되어 네방구석을 뒹굴며 금방 죽을 것 같다며 남편 좀 살려달라고 애원을 했다. 그러면 남편을 어떻게든 법당에 데려다 놓으라고 하고 주소를 물어 법당에서 신령님들께 거주성명을 고하고 호구별상장군님과 천하 장군님한테 제자가 성황에 가서 잡신이 붙어 온 것 같은데 장군님들이 가셔서 제자 몸에 감겨 있는 잡신을 쳐내십시오 하고 옥추경을 하였다. 옥추경을 끝내고 전화를 했더니 금방 죽어간다는 무속인이 전화를 받으며 선생님 저 죽을 뻔 했습니다. 이제 살았습니다. 선생님 고맙습니다 하고 극진히 인사를 하였다. 보는 바와 같이 제자(법사)가 경문 지식을 충분히 갖추어 공부가 되어 있을때 신령님들은 거리와 상관없이 찾아다니며 활약하신다. 또한 제자(법사)는 신령님을 마음대로 부릴 수 있는 능력이 있어야 신내림굿도 할 수 있다.

사례 부산시 괴정동에 제자가 있는데 어느 날 갑자기 죽어가는 목소리로 전화가 왔다. 깜짝 놀라 제자에게 왜 그러냐고 물었더니 갑자기 몸이 아파 병원에 3일 동안 입원하여 주사도 맞고 약을 먹어도 아무런 차도가 없어 병원에서 고칠 병이 아닌가 보다하고 퇴원하여 선생님께 전화 드린 것입니다. 선생님 어떻게 좀 해주세요. 그러면 빨리 법당으로 가라. 법당에 가서 저는 어떻게 할까요?

제자는 법당에 가서 합장하고 앉아만 있어라 하고

선생 법당에서 제자 거주성명을 고하고 호구별상

장군님과 천하장군님한테 부산 제자가 갑자기 몸

이 아파 병원에 가서 주사 맞고 약을 먹어도 차도

가 없답니다. 아무래도 잡신이 감긴 것 같습니다.

장군님들이 가셔서 쳐내십시오 하고 옥추경을 하

는데 옥추경이 끝나기도 전에 금방 죽겠다고 하던

제자가 깔깔대고 웃으며 선생님 천하장군님께서

제 얼굴을 쳐다보시며 이놈 감히 누구를 의심하고

시험을 해 맛이 어떻더냐? 하시며 호통을 치시는

데 무섭기는 하였지만 몸은 날아갈 것 같이 괜찮습니다. 그런데 시험하다니 무슨 소리야 하고 물었더니 사실을 털어 놓았다. 갑자기 몸이 아픈데 선생님한테 연락을 드릴까 생각하다가 선생님이 일하실 때는 사람이 옆에 있으니까 귀신을 잘 다루시지만 제가 선생님 곁에 있는 것도 아니고 대전에서 부산이면 상당히 먼 거리인데 선생님이 대전에서 경문을 하신다고 해도 제가 듣는 것도 아니고 이것은 불가능한 일이다 생각하고 병원에 입원하여 주사 맞고 약을 먹어도 아무런 차도가 없어 퇴원하여 그래도 모르니까 선생님께 연락드려 선생님이 대전에서 경문하시면 부산까지 통하는가 한 번 실험해보자 하는 마음으로 연락을 드렸는데 선생님 천하장군님이 어떻게 아시고 이놈 감히 누구를 시험하느냐고 호통을 치시는데 무서워서 혼났습니다. 그러면서 신기한 신의 세계지만 어떻게 이런 일이 있을 수 있느냐며 좋은 체험했다고 좋아하며 선생님 제가 시험해서 죄송합니다 하고 사죄하였다. 이 제자는 무속인 3년 2010년 신내림 연구원을 찾아와 내림굿을 하였는데 열심히 기도(공부)하여

저승세계 현실을 보고 남의 몸에 감겨 있는 아무리
힘 있고 강한 귀신도 끌어내어 제자 몸에 접신하여
귀신이 하는 말과 행동을 그대로 대변하고 쳐내는
현재 무속세계에서는 볼 수 없는 똑똑한 제자다.
제자 몸에는 귀신을 다스리는 호구별상장군님과
천하장군님이 계시지만 중이 제 머리 못 깎듯이 장
군님들이 스스로 활약을 하시지 못하기 때문에 제
자 몸에 감겨있는 귀신은 다루지 못한다. 선생이
천지팔양경이나 옥추경을 해야 제자 몸에 감겨있
는 귀신도 움직이고 장군님들도 경문을 듣고 힘을

내어 귀신을 다스린다. 모든 신은 경문으로 다스리고 경문에 의해 움직이기 때문이다.

● 부모는 돌아가시고 60일이 지나면 신령으로 오신다.

우리 무속인들은 윗대 조상님들이 들어오셔야 도를 많이 닦았기 때문에 원력이 있는 줄 알고 윗대 조상님만 찾는다. 반면에 당대 부모는 신령으로 오셔도 도를 많이 닦지 않아 아무런 능력이 없다고 생각하는 제자들도 많다. 때문에 친정어머니는 돌

64

아가 신지 10년밖에 되지 않아 못 오시고 공부중이라는 제자들도 있다. 신령으로 오시는 조상님은 인간사 공부 많이 한 것과도 상관없고 천상에서 도를 많이 닦고 적게 닦은 것과도 아무 상관없다. 신내림 과정을 거쳐 신령의 명패 차고 제자 몸으로 들어오셔서 인간 세상에 내려오시면 남자 신령님은 산왕대신의 원력을 받고 여자 신령님은 용왕대신의 원력을 받아야 힘이 있기 때문에 신령님이 힘이 있고 없는 것은 제자하기에 달려있다. 때문에 제자가 열심히 기도하여 신령님들 힘을 실어 드려야한다. 때문에 당대 부모님도 돌아가신지 60일 밖에 되지 않았어도 신령의 명패 차고 제자 몸으로 들어오셔서 산왕대신, 용왕대신께 기도하시어 업을 닦고 원력을 받아 활약하시기 때문에 도를 많이 닦고 적게 닦고 한 것은 중요하지 않다. 이와 같은 신의 세계 현실을 신령님들이 제자한테 오시는 과정을 거쳐 신을 받지 않으면 아무도 알 수 없다. 친정어머니가 살아계실 때 제자가 되었으면 옥황상제께서 친정 2대 할머니한테 제자가 점봐줄 사람이 없으니까 신령의 명패를 줄 테니 제자한테가서 점을 봐주다가 자손(친정어머니)이 오면 인계하시오 해서 친정 2대 할머니가 대신할머니로 오셔서 점을 봐주신 것이다. 대신할머니는 신령의 명패가 아니고 명패는 따로 있다. 그러다가 친정어머니가 돌아가시고 60일이 지나면 친정 2대 할머니가 친정어머니한테 점 보는 것을 인계하시고 친정 2대 할머니는 호구별상 마마부인이나 마마대신으로 명패가 바뀐다. 친정어머니가 신령의 명패 차고 제자 몸으로 들어오셔서 산왕대신, 용왕대신께 기도하시어 업을 닦고 원력을 받

67

아 제자 공부시켜 대변인으로서 활약하신다。친정
아버지가 살아계실 때 제자가 되었으면 친정 2대
할아버지가 1인2역으로 할아버지의 명패 산신약
명도사와 친정아버지의 명패 호구별상장군의 역할
까지 하신다。그러다가 친정아버지가 돌아가시고
60일이 지나면 호구불상장군의 명패는 친정아버
지한테 넘겨주고 산신약명도사 역할만 하신다。이
것이 신의 세계 현실이다。

사례 2011년 남양주 남자 무속인의 어머니가

살아계실 때 신내림 연구원을 찾아와 계룡산 천임굿당에서 내림굿을 하였다. 천상에 조상신령님들이 계신 기도터를 찾아다니며 조상님을 만나 인간 사제자와 어떤 관계인지 알아보고 몸으로 받고 신령의 모습을 보며 신령의 명패를 찾아드렸기 때문에 신령님들의 기도터는 평생 잊혀지지 않기 때문에 언제든지 가볼 수가 있다. 얼마 후 어머니가 돌아가셨다. 60일이 지나 어머니 명패를 찾아드리려고 조상님 대우를 해드리는 자리에서 신내림굿려고 조상님 대우를 해드리는 자리에서 신내림굿을 하듯이 제자를 합장시켜 앉혀 놓고

69

선생 : 호구별상용궁마마 선녀대신이 계시는 폭포
　　　로 가봐.

제자 : 폭포에 왔습니다. 신내림굿 할 때는 3대
　　　할머니가 계셨는데 지금은 제 어머니가 계
　　　십니다.

선생 : 어머니한테 큰절로 인사드리고 저 왔다고
　　　해봐.

제자 : 제 손을 잡고 좋아하십니다.

선생 : 방울부채 들고 일어서서 어머니 저한테 오
　　　서서 춤을 추워 보시라고 해. (제자 어머니

가 제자 몸으로 들어가셔서 춤을 추셨기 때문에 제자 어머니와 선생이 직접 대화를 한다.)

선생 : 제자 어머니 오셨어요?

제자 어머니 : 예

선생 : 돌아가신지 얼마 되지도 않았는데 아들한테 오시니까 좋으시지요?

제자 어머니 : 예 좋습니다. 선생님 덕분입니다. 선생님 고맙습니다.

선생 : 어머니한테 신령의대를 갖추시라고 해.

제자 : 신복을 입으셨습니다. 연두색에 양팔 소맷
자락은 색동으로 되어 있습니다.

선생 : 여자 신령님은 머리에 무엇을 쓰신다. 선생
이 어머니 앞에 꼬깔모자 중전 따리머리 상
궁 따리머리 쪽두리 네개를 띄워 놓았다.
있어?

제자 : 예 있습니다.

선생 : 어머니한테 하나씩 씌워드려봐.

제자 : 다른 것은 싫다고 벗어 버리고 쪽두리를 씌
워드리니까어머니께서 좋아하시며 어머니

선생 : 모습이 신부처럼 변했습니다.

선생 : 신령은 명패에 따라 모습이 변한다. 어머니 한테 천상에서 내려오실 때 모습을 보여 달 라고 해봐.

제자 : 양손에 다 잠자리채 같은 것을 들고 관을 쓰고 드레스같은 옷을 입고 텔레비전에서 보던 선녀가 내려오는 모습입니다.

선생 : 어머니는 신령으로 선녀라고 보여주신 것 이다. 어머니한테 무슨 명패를 받으셨느냐 고 여쭈어봐.

73

제자 : 말씀 안 하십니다.

선생 : 신령은 말씀을 하시지 않고 춤으로 답변을 하신다. 어머니한테 호구별상 용궁마마 선녀부인이 맞으면 춤을 추워 보시라고 해봐.

제자 : 아닌가봐요. 꼼짝도 하지 않습니다.

선생 : 그러면 어머니 명패가 호구별상 용궁마마 선녀대신이 맞으면 춤을 추워 보시라고 해봐. (제자 어머니 명패가 맞다며 춤을 추셨다. 이제는 선생과 직접 대화를 한다.)

74

선 생 : 호구별상 용궁마마 선녀대신 오셨어요?

호구별상 용궁마마 선녀대신 : 예

선 생 : 선녀대신 할머니는 인간사 제자와 어떤
관계세요?

호구별상 용궁마마 선녀대신 : 어머니입니다.

선 생 : 호구별상 용궁마마 선녀대신 할머니 점 보실
수 있어요?

호구별상 용궁마마 선녀대신 : 저도 업을 닦고 제자
도 공부시켜 점 잘 봐
봐서 제자이름을 낼

것입니다. 선생님도
도와주십오。

선생 : 예. 도와드려야죠。 (이렇게 해서 어머니 명
패를 찾아드렸다。 돌아가신지 얼마 되지
않았기 때문에 산신기도 용궁기도 하시어
업을 닦고 원력을 받아 제자도 공부시켜
대변인으로 활약을 하신다。)

선생 : 3대 할머니가 어머니한테 인계하여 어머니
명패는 찾아드렸는데 이제 3대 할머니명패를
찾아드려야 한다。 3대 할머니 오시라고

제 자 : 해봐.

3대 할머니가 오셨습니다. 내림굿할 때는 쪽두리를 쓰셨는데 지금은 중전마마처럼 따리머리를 쓰셨습니다. (그렇다. 용궁마마부인이나 호구별상 마마부인의 모습은 사극에서 보는 중전마마의 모습이다. 우리 무속인들이 신을 제대로 받지 않아 모습은 보았지만 누구신지 몰라 인현황후를 모셨다 명성황후를 모셨다 하는 것이다.)

선 생 : 3대 할머니한테 무슨 명패를 받으셨냐고

여쭈어봐.

제자 : 말씀 안 하십니다.

선생 : 그러면 3대 할머니한테 할머니 명패가 호구별상 마마부인이 맞으면 춤을 추워 보시라고 해. (3대 할머니가 맞다고 춤을 추셨다.)

선생 : 호구별상 마마부인 오셨어요?

호구별상 마마부인 : 예

선생 : 호구별상 마마부인은 인간사 제자와 어떤 관계세요?

호구별상 마마부인 : 3대 할머니입니다. 이렇게 해서 3대 할머니와 어머니 신령으로 인수인계가 끝났다. 이것이 신의 세계 현실이다.

● 신령은 공석이 없다.

우리 무속인들은 신을 제대로 받지 않아 신의 세계 현실을 잘 모르기 때문에 신령님들이 어떤 역할을 하시는 줄도 모르고 신만 많이 받는다고 잘 불려주는 것도 아닌데 신만 많이 받아 무엇 하느냐며 꿩 잡는 게 매라고 한다. 잘 살고 못 사는 것은 본인들의 타고난 복이다. 신령님들이 손님을 끌어다 일 주고 하는 것은 아니다. 신령님들은 역할만 하실 뿐이다. 우리 무속인들은 점 보고 일을 맡아 굿만 하면 무속인인 줄 알지만 무속인의 임무가 매우 중요하다. 무속인으로서의 소임을 다하려면 오시는 신령님들을 잘 받아야 저승세계 현실을 보고 다스리는 똑똑한 무속인으로서 일반인들한테 인정받고 존경받는 무속인이 될 수 있다. 우리 인간세상에도 대통령 밑에 각 부처마다 장관들이 있고 장관 밑에 부하직원들이 있다. 이와 마찬가지로 신의 세계에도 신령의 명패에 따라 하시는 역할이 다르기 때문에 올바른 무속인이 되려면 제자한테 오시는 조상신령님을 한 분도 빠짐없이 잘 받아야 무속인으로서 소임을 다 할 수 있다.

사례 2011년 경기도 파주 미혼여성 무속인 6년. 이 제자는 어머니와 아버지가 살아계신다. 신령으로 오시는 조상님은 2대 할머니와 할아버지, 3대 할머니와 할아버지 네분이 명패를 다 받아오대 할머니와 할아버지 네분이 명패를 다 받아오셨다. 3대 할아버지 일월선관도사, 2대 할아버지 산신약명도사 산신불사 글문대감 호구별상장군 천하장군, 2대 할머니 불사대신, 3대 할머니 호구별상 용궁마마 선녀대신, 선녀, 동자, 동기일신 사람은 한 사람이지만 신령의 명패에 따라 모습은 다르다. 보는 바와 같이 신령은 공석이 없다.

◉ 신내림굿

신내림굿은 무속인이라고 해서 아무나 할 수 없는 일이다. 신내림굿은 한사람의 인생이 아니라 친정 일이다.

과 시댁 온가족의 인생이 걸린 일이기 때문에 아주 중요한 일이다. 그러나 우리 무속인들은 신내림굿을 쉽게 생각하고 아무나 내림굿을 하여 많은 사람들의 인생을 망쳐놓고 있다. 현재 무속인들이 신내림굿을 하는 것을 보면 대감 모셔줄 때 몸 놀리는 것에 불과하다. 그렇기 때문에 신내림굿을 하여 신을 받았다고는 하지만 어떤 신을 받았는지 어느 조상님이 어떤 신령으로 오시는지 조차 모르고 사경을 헤매고 있다. 신내림굿은 제자는 할 수 없다. 신내림굿은 경문지식을 충분히 갖춰 신령을 마음대로 부릴 수 있는 법사선생이 귀신을 마음대로 다룰 수 있기 때문에 신내림굿도 할 수 있다. 그래서 선생이 있고 제자가 있는 것이다. 제자는 선생이 될 수 없다. 또한 의사라고 해서 다 같은 의사가 아니듯이 법사라고 해서 다 같은 법사가 아니다. 경문지식을 충분히 갖추지 못한 법사는 귀신을 다룰 수 있는 능력이 없기 때문에 선생으로서의 자격이 없다. 법사는 경문지식이 충분히 갖추어져야 신령님의 원력이 좋기 때문에 제자가 말하는 대로 현실로 보여주신다. 그래서 신령은 제자가 부리는 것이다. 예를 들면 신내림굿을 할 때 제자의 친정아버지 호구별상장군을 받는다. 선생이 제자한테 큰 성황나무 밑에 흰말, 검정말, 갈색 말 이렇게 세 마리가 있다. 제자가 보고 있습니다. 그러면 흰말은 누가 타실 건지 흰말 타실분 빨리 오시라고 해. 제자가 보고 제 친정아버지가 오셨는데요. 이와 같이 선생은 보지 않고 말만 했을 뿐인데 선생의 신령님 원력으로 현실로 보여주신 것이다. 이것이 신의 세계 신령님의 원력이다. 신내림굿이란 천상에 계신 신령님을 인간

세상에 내려오시도록 하는 것이다. 신령님은 육신이 없기 때문에 제자 몸을 이용하여 인간 세상에 내려오신다. 그렇다면 천상에 계신 조상신령님을 만나서 모시고 오려면 제자가 천상에 올라가야 조상신령님들을 만날 수가 있다. 선생신령님이 제자 영혼을 천상으로 보내어 조상님들이 계신 곳으로 인도하여 조상님을 만나 인간사 제자와 어떤 관계인지 알아본 다음 몸으로 받고 신령의 모습을 보며 신령의 명패를 찾아드려 인간 세상에 내려오신다. 이처럼 내림굿을 하다보면 천지팔양경, 옥추경,

해원경 등 경문을 해야 할 상황들이 많다. 이와 같이 어려운 일이기 때문에 제자는 할 수 없다. 때문에 무속 세계에서 신엄마, 신아버지, 신딸은 없다. 또한 뱃속에 삼촌은 있어도 나이 적은 언니 형은 없다. 신보다 인간이 먼저이기 때문에 인간 법도를 따라야 한다.

◉신령으로 오시는 조상님

무속인들 중에는 촌수도 모르고 제자의 길을 가는 무속인들도 있다. 본인을 1대라고 하고 친정 2대 할머니를 3대 할머니라고 하는 무속인들도 있다.

본인은 대가 없고 본인일 뿐이다.

시댁 : 3대 할아버지

시댁 : 2대 할머니

시아버지 : 시아버지가 살아계시면 시댁 2대 할아버지가 오신다.

친정 : 2대 할아버지

친정아버지 : 친정아버지가 살아계시면 친정 2대 할아버지가 1인 2역을 하신다.

친정어머니 : 친정어머니가 살아계시면 친정 2대

88

할머니가 오신다.

친정에 젊어서 가신 큰아버지나 삼촌,

오빠나 동생

선녀·동자 : 제자의 자손, 낙태한 태아도 포함, 없으

면 동기일신 친정3대 할머니가 대신할

머니로 오시면 아버지 동기일신

미혼남녀·기혼남 신령으로 오시는 조상님

3대 할아버지

2대 할머니, 할아버지

어머니가 살아계시면 3대 할머니가 오신다.

아버지가 살아계시면 2대 할아버지가 1인 3역을 하신다.

젊어서 가신 큰아버지나 삼촌, 오빠, 형, 동생이 없으면 2대 할아버지가 1인 4역을 하신다.

선녀·동자 동기일신

※ 법사선생이 알아야 할 중요한 사항이다.

● 조상님이 받고 오시는 신령의 명패

일월선관도사 : 시댁 3대 할아버지

산신약명도사 : 친정 2대 할아버지

불사대감(글문) : 시아버지가 오시는데 살아계시면 시댁 2대 할아버지가 오신다.

불사대신 : 시댁 2대 할머니

호구별상장군 : 친정아버지가 오시는데 살아계시면 친정 2대 할아버지가 1인 2역

천하장군 : 20·30·40대에 가신 동기일신 없으면 큰아버지나삼촌 대신할머니는 명패가 아니다. 명패는 다음 중에 있다.

호구별상 용궁마마부인, 호구별상 용궁

마마대신, 호구별상 용궁마마 선녀부인,

호구별상 용궁마마 선녀대신 친정어머

니가 오시는데 살아계시면, 친정 2대

할머니가 오신다.

선녀·동자

선녀·동자 : 제자의 자손, 낙태한 태아 포함 없으면

동기일신

미혼남녀·기혼남 조상님이 받고오시는 신령의 명패

일월선관도사 : 3대 할아버지

산신약명도사 : 2대 할아버지

산신불사글문대감 : 2대 할아버지

불사대신 : 2대 할머니

호구별상장군 : 아버지가 살아계시면 2대 할아버지가 1인 3역을 하신다.

천하장군 : 20·30·40대에 돌아가신 동기일신없으면 큰아버지나 삼촌 없으면 2대 할아버지가 1인 4역을 하신다.

대신할머니의 명패는 다음 중에 있다.

호구별상 용궁마마부인, 호구별상 용궁마마대신, 호구별상 용궁마마 선녀부인,

호구별상 용궁마마 선녀대신 어머니가 오시는데 살아계시면 3대 할머니가 오신다.

선녀·동자 : 동기일신 없으면 애기때 죽은 아버지 동기일신

※ 법사선생이 알아야 할 중요한 사항이다.

● 법사선생이 알아야 할 사항

신내림굿을 하는 법사선생은 제자한테 신령으로 오시는 조상님과 조상님이 받고 오시는 신령의 명

패를 정확하게 알고 있어야 한다. 또 어느 조상님이 어디에서 도를 닦고 어떤 모습으로 무슨 명패를 받고 오시는지 알고 있어야 신 받는 제자가 하는 말이 옳고 그름을 판단할 수 있다. 내림굿을 하다 보면 순간순간 잡신이 접신하여 하는 말도 있다. 때문에 선생이 정확하게 알고 있으면 잡신이 하는 말인지 알 수 있기 때문에 제자를 앉혀 놓고 천지 팔양경을 하여 쳐내면 된다. 뿐만 아니라 조상님들도 노여움이 풀리지 않으면 제자를 애먹이려고 거짓말을 하신다. 때문에 선생이 정확하게 알지 못하면 신내림굿을 할 수가 없다.

(예) 동굴 안에서 도 닦고 계신 분은 제자들의 친정 2대 할아버지다. 제자가 동굴 안에 들어가 친정 2대 할아버지를 만났는데 살아생전에 보지 못하여 모른다. 선생님 할아버지 한 분이 계시는데요. 누구시냐고 여쭈어 봐. 말씀 안하세요. 속으로 할머니 할아버지한테 동굴 안에 계신 분이 누구시냐고 여쭈어 봐. 저의 시댁 할아버지라고 하시는데요. 그러면 시댁 몇 대 할아버지냐고 여쭈어 봐.

시댁 4대 할아버지라고 하시는데요。선생은 동굴 안에 계신분이 누구신지 알고 있기 때문에 제자가 하는 말이 거짓말이라는 것을 알 수 있다。이와 같이 노여움이 풀리지 않으면 거짓말을 하여 제자를 애먹인다。이와 같은 사실을 선생이 모르면 어떻게 신내림굿을 할 수 있겠는가? 이런 때는 제자한테 백팔배를 시키며 조상님들한테 잘못했다고 용서를 빈다。조상신령님들은 인간이 하는 말은 믿지 않기 때문에 행동으로 보여주기 위하여 백팔배를 시키는 것이다。백팔배를 마치고 속으로 할머를니 할아버지한테 여기 동굴 안에 계신 할아버지가 누구시냐고 여쭈어보면 진실하게 말씀하신다. 내림굿을 하다보면 이런 일들이 종종 있다. 때문에 신내림굿하는 선생은 모든 것을 정확하게 알고 있어야 한다. 알고 보면 그다지 어려운 일도 아니다. 신령으로 오시는 조상님 조상님이 받고 오시는 신령의 명패 조상님들이 도 닦는 기도터 모두가 동일하기 때문에 설명해 놓은 것만 머릿속에 입력해두면 신내림굿하는 데는 큰 어려움이 없다. 중요한 것은 선생의 인내심이다. 신령은 말이 없기 때문에 제자도 답답하고 선생도 답답할 때가 많다. 어느 제자는 답답하다고 그 자리에서 뛰쳐나간 제자도 있었다. 선생이 차분한 마음으로 잘 헤쳐 나가도록 해주어야 한다. 선생이 물어보는 말에 대답 안한다고 제자한테 호통 쳐서도 안 된다. 신 받는 자리에 앉혀 놓으면 아무리 똑똑한 사람도 긴장하여 대답을 잘 하지 못한다. 때문에 선생의 인내심이 있어야 하고 마음을 비워야 한다.

● 신 받는 과정

(1) 대신할머니 (명패는 아니다)

대전 제자의 내림굿

제자는 어느 누구를 막론하고 신령님들이 이러한 과정을 거쳐 제자한테 오신다. 조상님을 천도하고 신장님만 모셔 놓고 내림굿을 시작하기 전에 신 받는 제자 몸을 깨끗하게 쳐내기 위하여 합장시켜 앉혀 놓고 천지팔양경을 한다.

선생 : 제자 시댁, 친정조상님들 그 동안 얼마나 마음고생 많으셨습니까? 자손이 조상신령

님들 명패를 찾아 드리려고 했지만 신령님

들 명패를 찾아 주는 선생이 없어 찾아드리

지 못했답니다. 이제 선생이 책임지고 신령

님들 명패를 찾아 드릴테니 노여움을 푸시

고 한시바삐 제자한테 오세요. 이날을 얼마

나 기다리셨습니까?

령신강신주 : 신령님 전에 대축사 강신주 발원이요

천지가 생긴 이후로 일월이 나계시고 그 후로는 우

주에 성진이 나계시고 풍운조화 손오병서 육도삼

약에 둔갑신장 변화도 솔법은 모두가 인간을 마련한

법이로다 사람은 천지만물 지중신에 만물의 영창
이요 사람이 생긴이후로 천지만물 초목금생 천하
동물 모두가 사람을 응한 동물이며 금수는 인간의
종이라 일렀으니 옛날에 성현군자 도덕군자 이르
사대 신거기하고 인민간이라 하였으니 귀신은 천
상과 혹은 극락으로 혹은 지옥으로 돌아가며 사람
과 만물은 땅에 붙어살기 마련이로다。금일신령님
들은 신의신장 좌우신장 좌우혼신들은 이차가중에
작해작난을 말으시고 인간의 지분의 법을 원형이
정을 하옵시고 송경자 법사 법문하사 불실불망을

하시며 소원으로 받으실 적 오늘날부터는 이렇다
저렇다 말으시고 즐거웁게 받으시고 반갑게도 받
으셔서 신의형방제자에게 상통천문을 하시고 중찰
인간 내리실 적 하탈지리 하였다가 입견만리 좌견
천리 두루 천리만리를 보옵시고 울로 줄로 강신줄
로 내리실 때 천상에 옥황상제 복면사신 소거백마
백탕줄로 줄을 놓고 온갖 구름 연구 모아 서기줄
대장군 제천제불 제대영신께서 제자에게 실려 주
실적에 세상사를 무불통신을 하시고 현조가 적실
하여 옥황상제 명을 받아 옥경대를 화신하고 칠성

단을 헌수를 하시고 월봉단아 납포하여 제세인간

구제중생 활인공덕 조화소원을 하소서。이 세상에

나오셔서 구경영신당으로 불원천리를 오시고 내림

내림하실적 팔도명산 산왕대신 산왕대신 명산명기

받으시고 사해수부 용왕님전에 수기 받아 내리시

고 칠성님전 서기 받아 내리시고 신장님전 도술 받

아 내리실적 명부십왕전에 봉성하고 팔대금강 사

대보살 삼전불전에 명을 받아 일구구 구궁수는 하

도낙서 법이요 팔팔은 육십사봉으로 천문지리 풍

운조화 무불통신 법을 보니 가내가 정구경 하시고

샛별 같은 별초당 금당옥당 화초당 연화답상에 영신당 해달 같은 저벽상 일월 같은 저위목 환희좌 정하시어서 이차가중의 가문을 밝혀주고 제자 몸을 도우려고 통령통신을 하올 적에 청산유수 흐르는 물결같이 계명산천 주야월에 옥통수를 부는 듯이 신의형방 제자에게 귀에 쟁쟁 들려주니 처량하고도 슬프도다. 저기저기 저 영신 어찌 아니. 원통할까 한편으로는 반가웁고 또 한편으로 생각하니 팔자더냐 한심하구나. 어디 가서 이원정을 풀어볼까 인간이 죽어서 혼신되어 조상신으로 명패 차고

오셨으니 통신기별이 분명헌디 산천초목의 엄마

중 앵무공작 즐기는 듯 당산봉황 죽순 물고 오동나

무 가지 위에 넘나들 듯 신통하고도 신기하도다.

영신통령이 아니시고 신명소수 아니실까 선명하고

도 분명하니 영신제자여 상통천문은 하시고 중찰

인간은 내리실 적 하탈지리 하였다가 팔팔은 육십

사봉녹중에 길흉화복을 변화무궁 하올적 명산대천

찾아나와 수다산을 넘고 넘어 약수가 삼천리라 신

의형방 제자 몸을 도우려고 어서바삐 찾아와서 명

산신령 명을 받어 선황산 신령에 고를물어 사해수

부용왕전에 물과 불을 물어 오실적에 가신에게 영
신제자 집을 물어 오실적에 백두산을 순행하시고
팔도명산 강원도 금강산 일만이천봉 팔도명산 굽
으시고 수다산을 넘고넘어 수다인생 다버리고 이
차가중에와 모씨가중 ○○생 제자 삼고 형방 삼아
구제중생을 시켜주고 왕제창생을 시키자고 이명당
을 찾아와서 풍운조화 부리는 법과 태후복희씨 주
역팔괘 정명도 정의천 소강절 곽백선생 삼국시절
에 제갈량 눈으로 본듯이 귀로다 들은듯이 사주
팔자 신수길흉을 소상각절 일러낼제 신령도술이

아니실까.

대신할머니의 명패는 다음 중에 있다.

호구별상 용궁마마부인, 호구별상 용궁마마대신

호구별상 용궁마마 선녀부인, 호구별상 용궁마마

선녀대신

신받는 제자를 합장시켜 앉혀 놓고 제자 영혼을

천상으로 보내어 조상신령님들이 도 닦는 곳을 찾

아가도록 선생이 인도 한다.

선생 : 제자가 지금 바닷가에 서 있다. 바다가

　　보여?

제자: 예 바닷가에 서 있습니다.

선생: 바다가 잔잔한 바다야? 파도치는 바다야?

제자: 잔잔한 바다입니다.

선생: 바다는 산과 연결 되어 있다. 제자 앞에 산이 보여?

제자: 예 조금 떨어진 곳에 산이 있습니다.

선생: 속으로 북두대성 용왕대신을 찾아가며 산 밑에까지 가봐.

제자: 산 밑에 왔습니다.

선생: 산 밑에 뭐가 있어?

제자 : 바위가 많은데요.

선생 : 그러면 누가 계신가 잘 찾아봐.

제자 : 저쪽에 사람이 있어요.

선생 : 남자야? 여자야?

제자 : 남자분인데요.

선생 : 그러면 누구신가 가까이 가봐.

제자 : 남자분이 산으로 올라가고 있어요.

선생 : 그 남자분을 따라가 봐.

제자 : 그 남자분을 따라 산으로 올라왔는데 남자
분이 없어졌어요.

110

선생 : 제자를 산으로 인도해주고 가셨나보다. 제자 서 있는 곳에서 옆으로 계곡이 있나 봐.

제자 : 제 옆으로 계곡이 있어요.

선생 : 계곡으로 내려가서 물이 흐르나 봐.

제자 : 계곡에 내려왔는데 물이 조금씩 흐르고 있어요.

선생 : 그러면 속으로 북두대성 용왕대신을 찾으며 물줄기를 따라 올라가 봐.

제자 : 조금 올라왔는데 앞이 깜깜해서 못가겠어요.

선생 : 제자를 앉혀 놓고 천지팔양경을 하여 앞이

제자 : 환하게 열어 주었다.

제자 : 앞이 보입니다.

선생 : 얼마나 올라갔어? 물은 계속 흐르고 있어?

제자 : 위에 올라갈수록 물이 많이 흘러요.

선생 : 계속 올라가 봐.

제자 : 선생님 여기 큰 폭포가 있어요.

선생 : 그러면 폭포 주변에 누가 있나 잘 찾아봐.

제자 : 저쪽에 어느 여자분이 합장하고 기도하고 계세요.

선생 : 가까이 가서 누구신가 봐.

제자 : 선생님 저의 친정할머니예요.

선생 : 친정할머니 살아생전에 보았어?

제자 : 결혼할 때까지 한집에서 살았습니다.

선생 : 그러면 할머니한테 절을 하며 저 왔다고 해봐.

제자 : 절을 하고 저 왔다고 해도 할머니가 쳐다보시지도 않아요.

선생 : 그러면 할머니 표정을 봐. 화가 나신 표정인가?

제자 : 할머니가 화가 나신 거 같아요.

선생 : 그러면 할머니 앞에 무릎 꿇고 앉아서 할머

니 제가 몰라서 이제 찾아왔습니다. 하고
빌어.

(선생은 할머니 마음을 푸시라고 육갑
원경을 했다.)

제 자 :: 할머니 화가 풀어지셨나봐요. 저를 꼭 안아
주셨어요.

선 생 : 그러면 방울부채 들고 일어서서 할머니 저
한테 오셔서 춤을 추워보시라고 해.
(제자의 할머니가 제자 몸으로 들어가셔서 춤
을 추셨다. 이제 선생과 할머니가 직접 대

선　생 : 제자 할머니 오셨어요?

제자 할머니 : 예

선　생 : 할머니 그 동안 마음고생 많이 하셨죠?

제자 할머니 : 예 선생님 고맙습니다.

（서러움이 복받쳐 울음을 우셨다.）

선　생 : 할머니한테 신령의대를 갖추시라고 해.

제　자 : 옷을 입으셨습니다.

선　생 : 어떤 옷을 입으셨어? 소맷자락만 봐. 어떻
게 생겼는지.

화를 하신다.）

115

제자 : 축 늘어졌는데 오색으로 되어있어요.

선생 : 여자 신령님은 머리에 무엇을 쓰신다. 선생
이 할머니 앞에 중전따리 상궁따리 꼬깔모
자 쪽두리 네개를 띄워 놓았어. 있어?

제자 : 예 할머니 앞에 둥둥 떠 있어요.

선생 : 그러면 하나씩 할머니한테 씌워 드려봐.

제자 : 씌워드렸는데 다 싫다고 벗어버리더니 쪽
두리를 씌워드리니까 좋아하시며 할머니
모습이 시집가는 새색시같이 변했어요.

선생 : 그러면 할머니한테 천상에서 내려오실 때

제자 : 모습을 보여 달라고 해봐.

선생 : 양손에 잠자리채 같은 것을 들고 머리에 관을 쓰고 드레스 같은 옷을 입고 내려 오시는 모습을 보여주시는데요.

제자 : 그러면 할머니는 무슨 명패를 받으셨느냐고 여쭈어 봐.

선생 : 말씀 안하세요.

제자 : 말씀하실 때까지 기다리려면 하루 이틀도 걸리니까 제자 고생시킬 필요 없지. 할머니 한테 호구별상 용궁마마 선녀대신이 할머니

117

제자 : 명패가 맞으시면 춤을 추워보시라고 해.

선생 : 할머니가 그러시는데요 선녀대신이 아니고 선녀부인이 라는데요.

선생 : 할머니 명패가 호구별상 용궁마마 선녀부인이 맞으면 춤을 추워보시라고 해.

(할머니가 이제 명패를 찾았다고 좋아하시며 춤을 추셨다. 선생과 신령이 직접 대화를 한다.)

선생 : 호구별상 용궁마마 선녀부인 오셨어요?

호구별상 용궁마마 선녀부인 : 예

118

선생 : 호구별상 용궁마마 선녀부인은 인간사 제

자와 어떤 관계세요?

호구별상 용궁마마 선녀부인 : 친정 2대 할머니입

니다.

선생 : 선녀부인 할머니 점 잘 보실 수 있어요?

호구별상 용궁마마 선녀부인 : 그럼요 점 잘 볼 수

있지요.

친정 2대 할머니의 명패 호구별상 용궁마마 선녀

부인을 찾아드렸다. 명패를 찾아드렸다는 뜻은 신

령의 명패 차고 제자 몸으로 들어오셨다는 뜻이다.

(2) 산신약명도사

선생 : 할머니 계시던 폭포 위에는 뭐가 있어?

제자 : 집둥같은 바위가 많아요.

선생 : 그러면 폭포 위에 바위 많은 곳으로 올라가서 뭐가 있나 잘 찾아봐.

제자 : 바위있는 곳으로 올라왔는데 큰 호랑이 한 마리가 있어요.

선생 : 무서워?

제자 : 무섭지는 않아요.

선생 : 그러면 호랑이한테 가서 네 주인이 어디 있

제자 : 나 같이 가 보자고 해 봐.

제자 : 호랑이가 앞장서서 가고 있어요.

선생 : 어디로 가고 있어?

제자 : 더 웅장한 바위가 있는 곳으로 가고 있어요.

선생 : 지금도 가고 있어?

제자 : 다 왔는지 호랑이가 서셨어요.

선생 : 그러면 주위에 뭐가 있나 잘 찾아봐.

제자 : 여기 동굴이 있는데요.

선생 : 그러면 동굴 안으로 들어가 봐.

제자 : 동굴 안이 깜깜해서 들어갈 수가 없어요.

선생 : 선생이 동굴 안을 밝게 해줄 테니까 들어가 봐.

(천지팔양경을 하여 밝게 해주었다.)

제자 : 이제 동굴 안이 환해서 들어갈 수 있습니다.

선생 : 동굴 안에 들어갔어?

제자 : 동굴 안에 들어왔는데 누가 기도하셨는지 촛불도 켜져 있고 물잔도 있어요.

선생 : 그러면 사람이 있다는 얘긴데 누가 계신가 잘 찾아봐.

제자 : 저 안에 사람이 있어요.

선생 : 남자분이야? 여자분이야?

제자 : 남자분이예요.

선생 : 누구신지 가까이 가서 봐.

제자 : 저의 친정할아버지예요.

선생 : 친정할아버지 생전에 보았어?

제자 : 저 결혼할 때까지 한집에서 살았습니다.

선생 : 그러면 할아버지한테 절을 하고 저 왔다고 인사드려봐.

제자 : 그런데 할아버지가 쳐다보시지도 않는데요.

선생 : 할아버지가 화가 나셨나 보다. 할아버지 표정을 봐.

제자 : 할아버지가 화가 많이 나신 표정이예요.

선생 : 오랫만에 손녀딸을 만났는데 왜 화가 나셔 할아버지 앞에 무릎 꿇고 앉아서 할아버지 제가 몰라서 이제 찾아 왔습니다. 용서해 주세요. 하고 빌어.

(제자가 한창동안 울면서 빌고 선생은 할아버지 마음을 푸시라고 해원경을 해주었다.)

선생 : 할아버지가 화를 푸셨어?

제자 : 예 할아버지가 빙긋이 웃으시며 제 손을 잡 아주셨어요.

선생 : 그러면 방울부채 들고 일어서서 할아버지 저한테 오셔서 춤을 추워보시라고 해봐.

(할아버지가 제자 몸으로 들어가셔서 춤을 추셨다. 이제는 선생과 할아버지가 직접 대화한다.)

선생 : 제자 친정할아버지 오셨어요?

제자 할아버지 : 예

선생 : 할아버지 손녀딸 오기를 기다리시느라고 마음고생 많이 하셨죠?

제자 할아버지 : 예 어떻게 말로다 표현하겠습니까.

선생 : 이제 할아버지한테 신령의 대를 갖추시라고 해.

제자 : 옷을 입으셨는데 빨간 옷인데 흰색도 있어요.

선생 : 할아버지 머리는 어떻게 하셨어?

제자 : 머리를 위로 틀어 올리고 가운데 비녀처럼 뭔가를 꽂았어요.

선생 : 그러면 할아버지는 무슨 명패를 받으셨느냐고 여쭈어봐.

제자 : 할아버지가 말씀을 안하세요.

(신령님은 말씀이 없고 춤으로 답변하신다.)

126

선 생 : 그러면 산신약명도사가 할아버지 명패가
맞으시면 춤을 추워보시라고 해.

(할아버지 명패가 맞다고 춤을 추셨다. 이제
선생과 신령님이 직접 대화한다.)

선 생 : 산신약명도사님 오셨어요

산신약명도사 : 예

선 생 : 산신약명도사님은 인간사 제자와 어떤 관
계세요?

산신약명도사 : 예 친정 2대 할아버지입니다.

선 생 : 산신약명도사님 이제 명패를 찾으셨으니

산신약명도사 : 예 선생님 덕분입니다. 고맙습니다.

선생 : 산신약명도사님 제자 열심히 공부시켜 똑똑한 제자로 키우세요.

산신약명도사 : 예 선생님 염려 마십시오. 제자가 영리해서 잘 할 겁니다.

선생 : 그러면 산신할아버지한테 할아버지 집에 한번 가보시자고 해.

제자 : 동굴에서 바위 옆으로 내려가시는데요.

선생 : 제자도 산신할아버지를 따라가 봐.

128

제자 : 집앞에 왔습니다.

선생 : 집은 무슨 집이야?

제자 : 조그마한 기와집이예요.

선생 : 산신할아버지는 어디 계셔

제자 : 집안으로 들어가셨습니다.

선생 : 그러면 제자도 집안으로 들어가 봐.

제자 : 집안으로 들어왔습니다.

선생 : 산신할아버지한테 공부하신 것을 보여 달
　　　라고 해봐.

제자 : 마루 위 석까래에 봉지가 많이 매달려 있는

선생 : 산신할아버지한테 무엇이냐고 여쭈어봐.

제자 : 약이라는데요.

선생 : 산신할아버지한테 저 약을 어디다 쓰시려
고 하는지 여쭈워봐.

제자 : 아픈 사람 고치려고 하신다는데요.

선생 : 산신약명도사님은 아픈 사람을 고치기 위
해서 약을 공부하셨다. 그렇다고 아픈 사람
한테 약을 먹여 고치는 것은 아니다. 신에
약법은 굿이다. 또 본인도 모르는 병을 일

데 무슨 글씨가 쓰여 있어요.

선생 : 산신할아버지한테 무엇이냐고 여쭈어봐.

러 주신다.

(예 : 손님을 볼 때 산신약명도사님이 대신할 머니한테 내려주신다. 병원에 가서 어디 쪽으로 검사 한 번 해보세요. 손님 본인은 괜찮다고 하지만 병원에 가서 검사해 보면 틀림없이 보살님이 말씀하신 것이 맞다고 제자한테 찾아와서 고맙다고 한다.)

선생 : 산신할아버지한테 선생이 설명한 것이 맞느냐고 여쭈어봐.

제자 : 산신할아버지가 맞는다는데요.

제자의 친정 2대 할아버지 명패 산신약명 도사를 찾아드렸다. 무속인들이 약줄로 내렸다고 아픈 사람을 만져주면 낫는다고 안마를 해주는 제자들도 있다. 바로 제자들의 친정 2대 할아버지 산신약명도사님이 계시기 때문이다. 그러나 제자는 아픈 사람을 만지게 되면 나쁜 기가 제자 몸으로 들어오기 때문에 만져서는 안 된다.

(3) 불사대신

선생 : 산신할아버지 계시던 동굴 좌측으로 보면 어디야?

제자 : 숲속인데요

선생 : 그러면 숲속으로 내려오면서 숲속에 무엇이 있나 잘 찾아봐.

제자 : 멀리 기와지붕만 조금 보이는데요.

선생 : 그러면 기와지붕이 보이는 곳으로 찾아가봐.

제자 : 기와집 있는 곳을 찾아왔는데 대문이 닫혀 있어요.

선생 : 무슨 대문이야?

제자 : 큰 나무 대문인데 태극기가 그려져 있어요.

선생 : 그러면 대문 앞에 서서 제가 왔으니 대문 좀 열어달라고 빌어봐.

(제자가 한참 서서 빌었다.)

제자 : 선생님 대문이 열렸어요.

선생 : 대문이 열렸으면 안으로 들어가 봐.

제자 : 안으로 들어와서 보니 아주 큰 기와집인데 원채가 있고 양쪽으로 집이 있는데 디근자 형으로 되어 있고 마당은 아주 깨끗하고 굉

선생 : 장히 넓어요. 그런데 사람이 없어요.

선생 : 그러면 마루에 올라가려면 밑에 디딤돌이 있어. 신발이 있나봐.

제자 : 흰 고무신 한 켤레가 있어요.

선생 : 그러면 사람이 있나 본데 마루에 올라가봐.

제자 : 할아버지 한 분이 담뱃대를 들고 뒷짐 지고 마루에서 왔다 갔다 하세요.

선생 : 할아버지한테 누구시냐고 여쭈어봐.

제자 : 할아버지한테 누구시냐고 여쭈어 봤더니

선생 : 예이 고얀놈하고 호통을 치세요.

135

선생 : 그러면 기와집에서 나와 기와집 뒤로 올라
가면서 속으로 북두대성 칠원성군을 찾아가
며 숲속에 무엇이 있나 잘 찾아봐.

(제자가 한참을 찾아다니더니)

제자 : 선생님 저 위에 초가집 지붕이 보입니다.

선생 : 그러면 초가집 있는 곳으로 가봐.

(제자가 한참을 올라가더니)

제자 : 선생님 초가집 앞에 왔는데 수숫대로 울타
리를 하고 조그만 싸릿문도 있어요.

선생 : 그러면 싸릿문 열고 집안으로 들어가 봐.

제자 : 집안으로 들어왔는데 사람은 보이지 않고 마당에 장독대만 있어요.

선생 : 그러면 부엌으로 들어가 봐.

제자 : 선생님 부엌으로 들어왔는데 모르는 할머니 한 분이 계세요.

선생 : 또 부엌에 무엇이 있나봐.

제자 : 부뚜막에 큰 가마솥이 걸려있고 아궁이에 불이 짚여 있는데 가마솥에서는 김이 모락모락 나고 한쪽에는 촛불도 있고 물잔도 있습니다.

선생 : 그러면 가마솥에 무엇이 있나 솥뚜껑을 한
　　　번 열어봐.

제자 : 밥이 한솥 있어요.

선생 : 제자는 다른 제자들보다 쉽게 갈 수 있다.
　　　열심히 하면 밥은 푸기만 하면 먹잖아. 일이
　　　있으려면 할머니가 밥 한 그릇 퍼주실 것이
　　　야. 열심히 해.

선생 : 그러면 할머니한테 누구시냐고 여쭈어 봐.

제자 : 선생님 할머니가 말씀 안하시는데요.

선생 : 그러면 호구별상 용궁마마 선녀부인한테

138

제자 : 부엌에 계신분이 누구시냐고 여쭈어 봐.

선생 : 저의 시댁할머니라고 하시는데요.

(이렇게 여쭈어 보기 위해서 대신할머니의
명패를 먼저 찾아드린다.)

선생 : 시댁할머니면 2대 할머니도 계시고 3대 할
머니도 계시는데 몇대 할머니시냐고 여쭈
어 봐.

제자 : 시댁 2대 할머니라고 하시는데요.

선생 : 그러면 부엌에 계신 할머니한테 저의 시댁
2대 할머니 맞으시냐고 직접 여쭈어 봐.

제자 : 저의 시댁 2대 할머니가 맞다고 고개를 끄떡이시는데요.

선생 : 그래도 제자가 살아생전에 할머니를 뵙지 못했기 때문에 알 수 없잖아. 부엌에 계신 할머니한테 저의 시댁 2대 할머니가 맞는다면 제가 알아볼 수 있는 할머니 자손을 보여달라고 해봐.

제자 : 애들 삼촌을 보여주시는데요.

선생 : 할머니한테 지금 보여준 사람은 애들 삼촌인데 할머니하고는 어떤 관계시냐고 여쭈

제자 : 어봐.

선생 : 할머니 손자라고 하시는데요.

애들 삼촌은 제자 시동생인데 시동생이 할 머니 손자면 제자 시댁 2대 할머니가 맞네. 방울부채 들고 일어서서 할머니한테 저의 시댁 2대 할머니가 맞으시면 저한테 오셔 서 춤을 추워 보시라고 해.

(할머니가 맞다고 제자 몸으로 들어가셔서 춤을 추셨다. 이제 선생과 할머니가 직접 대화를 한다.)

선생 : 제자 시댁 2대 할머니 오셨어요?

시댁 2대 할머니 : 예

선생 : 할머니 그동안 마음고생 많으셨지요?

시댁 2대 할머니 : 예

(할머니가 서러움 반 기쁨 반 울
음을 우셨다.)

선생 : 이제 할머니한테 신령의 대를 갖추시라
고 해.

제자 : 늘어진 하얀색 옷을 입으셨는데 머리에는
꼬깔모자를 쓰시고 백팔염주를 목에 걸었

선생 : 그러면 할머니한테 무슨 명패를 받으셨느냐고 여쭈어 봐.

제자 : 무슨 말씀을 하시는데 불사라고만 하세요.

선생 : 불사대신이라고 하시나 보다. 할머니한테 불사대신이 할머니 명패가 맞으시면 춤을 추워보시라고 해.

(할머니가 맞다고 춤을 추셨다.)

선생 : 불사대신 할머니 오셨어요?

불사대신 : 예 선생님 고맙습니다. 어요.

143

선생 : 불사대신 할머니 이제 한 푸셨지요?

불사대신 : 예 선생님 덕분입니다. 고맙습니다.

선생 : 제자는 잘 들어. 불사대신 할머니시다. 복을 주고 자손을 점지하고 수명장수를 빌어주신다. 손님을 보실 때 자손을 팔아 공들여 주라고 제자 수양자로 삼아 불사대신 할머니가 칠성님 전에 빌어주신다. 또 자식을 낳지 못하는 사람은 손님의 조상님과 불사대신 할머니가 만나보고 조상에서 막고 있으니 조상님을 한번 찾아보라고 점

을 봐 주신다.

이런 사람은 조상 대우를 해드리면 100%

자식을 낳는다. 신령님께서 하시는 말씀은

100% 이루어진다. 그렇기 때문에 신이

다. 지금까지 선생이 설명한 것이 맞느냐고

불사대신 할머니한테 여쭈어 봐.

선생 : 선생님이 설명하신 것이 맞다고 하십니다.

제자 : 어느 제자를 막론하고 시댁2대 할머니가

명패 차고 제자한테 들어오셔야 재물이 모

아지기 때문에 아주 중요한 분이다.

제 자 : 선생님 아까부터 불사대신 할머니가 아궁이에 불을 지펴 놓고 마당가에 나오셔서 집 앞에 큰 나무가 있는데 그 나무를 바라보시면서 빌고 계세요.

선 생 : 할머니가 비시는 데는 무슨 이유가 있겠지. 시댁 2대 할머니 명패 불사대신을 찾아드렸다.

(4)불사대감(글문)

선 생 : 불사대신 할머니가 빌고 계신다는 큰 나무

제　자 : 선생님 큰 나무 있는 곳으로 왔는데 아무것
　　　　도 없어요.

선　생 : 그러면 나무 주위에는 무엇이 있나 봐.

제　자 : 큰 바위만 있어요.

선　생 : 그러면 혹시 바위에 출입문이 있나 봐.

(제자가 한참을 찾더니)

제　자 : 선생님 바위에 출입문이 있는데 자물쇠가
　　　　잠겨 있어요.

선　생 : 그러면 선생이 자물쇠를 열어 문을 열어 줄

있는 곳으로 가봐.

147

테니 안에 누가 있나봐.

(하고 천지팔양경을 하여 자물쇠를 풀고 문을 열어 주었다.)

제자 : 선생님 안에 시아버지가 쇠사슬로 손과 발이 묶인 체 쪼그리고 앉아 계세요.

(시아버지가 빛이 없는 암흑지옥에 갇혀 있는 것이다. 하지만 시아버지가 신령으로 제자한테 들어오셔야 하기 때문에 선생 신령님의 원력으로 가석방을 시켜 주신다. 천지팔양경을 하여 쇠사슬을 풀어 주었다.)

148

제자 : 선생님 시아버지가 쇠사슬에 풀려 나오시더니 저한테 고맙다고 하시며 어디론가 가세요.

선생 : 시아버지를 따라가 봐.

제자 : 아까 갔던 기와집으로 가시는데요. 시아버지가 방으로 들어가셨어요.

선생 : 제자도 방으로 들어가 봐.

제자 : 선생님 아까 마루에 계시던 할아버지는 안 계세요.

선생 : 마루에 계시던 할아버지는 시댁 2대 할아

버지신데 아들이 지옥에 갇혀 있어 아들 집이 비워 있으니까 시댁 2대 할아버지가 집을 지켜주고 계시다가 아들이 지옥에서 풀려 집으로 오시니까 시댁 2대 할아버지는 가신 것이다. 제자도 방에 들어갔어?

제자 : 예

선생 : 시아버지는 지금 어떤 모습으로 계셔?

제자 : 물색으로 된 두루마기 같은 옷을 입으시고 머리에는 뾰족한 갓을 쓰셨어요.

선생 : 시아버지는 지금 뭐 하시고 계셔?

제자 : 시아버지 앞에 책상이 있는데 옆에 벼루, 먹,'붓이 있고 책을 보고 계세요.

선생 : 그러면 시아버지한테 절하고 인사드려.

제자 : 시아버지가 빙긋이 웃으시며 저 왔다고 좋아하시는 것 같아요.

선생 : 방울부채 들고 일어서서 아버님 저한테 오셔서 춤을 추워보시라고 해. (시아버지가 제자 몸으로 들어가셔서 춤을 추셨다. 선생과 직접 대화를 하신다.)

선생 : 제자 시아버지 오셨어요?

제자 시아버지 : 예

선생 : 그 동안 빚도 없는 깜깜한 지옥에서 얼마나 고생이 많으셨어요.

제자 시아버지 : 임시라도 선생님 덕분에 이렇게 풀려나게 해 주셔서 너무 고맙습니다.

선생 : 시아버지한테 무슨 명패를 받으셨냐고 여쭈어 봐.

제자 : 말씀 안 하시는데요.

선생 : 그러면 아버님 명패가 불사대감(글문)이 맞

으면 춤을 추워보시라고 해.

(시아버지가 맞다고 춤을 추셨다. 제자들이 말하는 글문대감이다.)

선 생 : 불사대감님 오셨어요?

불사대감 : 예

선 생 : 불사대감님은 인간사 제자와 어떤 관계 세요?

불사대감 : 시아버지입니다.

선 생 : 불사대감님 이제 한을 풀으셨나요?

불사대감 : 예 선생님 덕분입니다.

선생 :: 제자는 잘 들어. 불사대감님은 글공부를 하셨다. 그렇다고 제자 글공부 시키려는 것이 아니고 손님에 따라 부적을 내려 주시고 부적을 쓰신다. 제자가 붓에 경명 주사를 찍어 붓을 잡고 있으면 제자 몸에 계신 글문 대감님이 부적을 쓰신다. 또 점을 보시는데 사업이 안 되는 사람, 장사가 안 되는 사람, 대감 모셔야할 사람 재수굿을 해야 한다고 대신할머니한테 내려주시면 대신할머니가 받아서 손님에게 얘기해 준다.

선 생 : 지금까지 선생이 설명한 것이 맞느냐고 대

감님께 여쭈어 봐.

제 자 : 선생님이 설명하신 것이 맞다고 하시는
데요.

시아버지의 명패 불사대감(글문)을 찾아드렸다.

내림굿이 끝나고 바로 계룡산 국사봉 성황에 들어

가 격식을 갖추고 제자가 기도하려고 앉더니 선생

님 내림굿할 때 시아버지가 갇혀 있던 곳이에요.

하며 깜짝 놀랐다. 그래 우리나라 어느 성황을 가

도 저승의 지옥은 똑같다. 제자 몸에 계신 남자 신

령님들이 기도하시기 때문에 3박 4일이면 풀려나실 거야 열심히 기도해 봐. 말대로 3박 4일 마지막 날 암흑지옥에서 풀려나셨다. 내림굿 할 때는 나오셔서 저보고 고맙다고 하시더니 이번에는 풀려나셔서 저를 쳐다보지도 않고 그냥 가셨다고 제자가 서운해 하였다.

사례 2009년 제자들을 데리고 지리산 백무동 영통암에 기도를 갔는데 순천에서 한 무속인이 찾아왔다. 상담을 해주고 이왕 왔으니까 기도를 하고 가라고 했다. 저녁을 먹고 기도를 다녀오더니 선생님 제가 기도하는데 제 앞에 큰 구렁이 한 마리와 작음 뱀 한 마리가 동아리를 틀고 고개를 들고 저를 쳐다보고 있어요. 그런데 무섭지는 않았어요. 제자의 조상이다. 다음 시간에 들어가면 누구시냐고 여쭈어 보아라. 대화가 될 것이다. 자시기도를 다녀오더니 선생님 큰 구렁이는 제 큰아버지시고 작은 뱀은 작은 큰아버지라고 하시는데요. 제자가 신을 받으면 성황에 가서 풀어드려야 한다. 기도를 마치고 내려와 바로 날을 잡아계

157

룡산 용문굿당에서 내림굿을 하였다. 제자 영혼을 천상으로 보내어 제자 조상님들이 도 닦는 기도터를 찾아가도록 인도하는데 제자가 산으로 올라가더니 선생님 위에 큰 바위가 있는데 어느 할머니 한 분이 바위에 대고 빌고 계세요. 가까이 가서 할머니한테 누구시냐고 봐. 제자가 여쭈어 보더니 선생님 저의 친정 3대 할머니라고 하시는데요. 3대 할머니가 바위에다 비시는 데는 무슨 이유가 있을 것이다. 혹시 바위에 출입문이 있는가 잘 찾아봐. 제자가 한참 찾더니 선생님 바위에 출입문이

있는데 자물쇠가 잠겨있어요. 그러면 선생이 문을
열어 줄 테니 그 안에 누가 계시는가 봐. 천지팔양
경을 하여 바위에 출입문을 열어 주었다. 제자가
안을 들여다보고 나오더니 선생님 지리산 백무동
에서 보았던 큰 구렁이 한 마리와 작은 뱀 한 마리
가 안에 갇혀 있어요. 선생이 뱀과 구렁이의 허물
을 벗겨 줄 테니 누구신가 봐. 천지팔양경을 하
니 구렁이와 뱀이 일어서더니 머리에서부터 허물
이 벗겨지는데 살아생전에 봤던 큰 아버지와 작은
큰아버지예요. 꼭 살아서 만나는 것 같아요. 큰 아

버지는 천하장군으로 제자한테 오셔야 하기 때문에 선생 신령님의 원력으로 임시 가석방 시킨 거니까 내림굿을 마치면 바로 성황에 들어가서 제자가 기도하여 풀어드려야 해. 제자의 큰아버지나 작은 큰아버지는 3대 할머니의 손자들이다. 손자들이 암흑지옥에 갇혀 있으니까 손자들을 풀어달라고 성황대신께 3대 할머니가 빌고 계셨다. 그러나 성황대신은 천지신명이다. 조상님과는 통하지 않는다. 제자가 신령의 명패를 찾아드리고 성황에 가면 제자 몸에 계신 남자 신령님들이 성황대신께 기도하셔야 성황대신이 풀어 주신다. 때문에 현재 우리 무속인들은 신을 제대로 받지 않아 저승의 지옥을 볼 수 없고 무속인으로서의 소임을 다하지 못하기 때문에 일반인들한테 비판을 받고 있는 것이다. 이와 같은 신의 세계 현실을 직접 보지 않고 어떻게 알 수 있겠는가? 또한 이와 같이 어려운 신내림굿을 제자들이 할 수 있겠는가?

(5)호구별상장군

선생 : 큰 성황나무 밑에 흰말, 검정말, 갈색말 말

제자 : 세 마리가 있다. 있어?

제자 : 예 있습니다.

선생 : 세 마리 중에 흰말은 누가 타실 건지 말타 실분 빨리 오시라고 해.

제자 : 저의 친정아버지가 오셨는데요.

선생 : 아버지가 반가워 하셔?

제자 : 아버지가 제 손을 꼭 잡으시고 좋아하세요.

선생 : 방울부채 들고 일어서서 아버지 저한테오 셔서 춤을 추워보시라고 해.

(제자 친정아버지가 제자 몸으로 들어가셔서

162

선생 : 춤을 추셨다.)

선생 : 제자 친정아버지 오셨어요?

제자 아버지 : 예

선생 : 딸한테 오시니까 어떠세요?

제자 아버지 : 너무 좋습니다. 선생님 고맙습니다.

선생 : 아버지한테 복장을 갖추시고 말을 타시라고 해.

제자 아버지 : 너무 좋습니다. 선생님 고맙습니다.

선생 : 아버지가 말을 타셨습니다.

제자 : 아버지가 말을 타셨습니다.

선생 : 어떤 복장을 하고 말을 타셨어?

제자 : 갑옷을 입으시고 손에는 삼지창을 들으셨

163

선생: 머리에는 무엇을 쓰셨어?

제자: 투구를 쓰셨는데 투구 끝이 포크같이 생겼어요.

선생: 지금 아버지가 입고 계신 갑옷 색깔은 무슨 색이야?

제자: 빨간 갑옷인데요.

선생: 그러면 아버지는 무슨 명패를 받으셨느냐고 여쭈어 봐.

제자: 아무 말씀도 안하시는데요.

는데요.

164

선생 : 그러면 아버지가 쓰고 계신 투구 앞을 봐.

무엇이 붙어있나?

제자 : 별이 붙어 있어요.

선생 : 별이 몇 개인지 세어봐.

제자 : 일곱 개 있는데요.

선생 : 별이 일곱 개면 칠성을 뜻한다. 그러면 아버지는 갑옷 입고 말을 타셨으니 장군이다 즉 칠성에 장군이라는 뜻이다. 호구별상장군이 아버지 명패가 맞으면 춤을 추워보시라고 해.

(제자 아버지가 맞다고 춤을 추셨다.)

선　생 : 호구별상장군님 오셨어요?

호구별상장군 : 예

선　생 : 호구별상장군님은 인간사 제자와 어떤 관
계세요?

호구별상장군 : 예 친정아버지입니다.

선　생 : 호구별상장군님 귀신 잘 잡을 수 있어요

호구별상장군 : 예 귀신 잡는 것이 특기입니다.

선　생 : 호구별상장군님한테 일을 나가실 때는 갑
옷을 입고 나가시지만 법당에 계실 때는

166

어떤 복장을 하고 계시는지 보여 달라고 해봐.

제자 : 사극에서 보면 사또 같은 모습을 보여주시는데요.

선생 : 맞아. 제자는 잘 들어. 호구별상장군님은 칠성에 장군으로서 장군의 우두머리 즉 지휘관이다. 그래서 흰말을 타셨다. 또 호구별상장군님은 귀신과 대화를 하신다. 예를 들면 손님이 오는데 뒤에 귀신이 따라 들어오면 호구별상장군님이 따라 들어오는

귀신한테 너는 뭐야 귀신이 친정아버지입

니다. 그러면 얘기하고 가. 하지만 손님하

고 아무관계 없는 귀신이 따라 들어오면 건

립에 계신 천하장군한테 명하면 천하장군이

귀신을 잡아다가 처단한다. 뿐만 아니라

일을 할 때 선생이 천지팔양경을 하면 제

자 몸에 계신 호구별상장군님이 경문을 듣

고 힘을 얻어 제가집 몸에 감겨 있는 귀신

도 끌어내어 제자 몸에 접신하여 귀신이

하는 말과 행동을 그대로 대변한 다음에

천하장군한테 쳐내라고 명하면 천하장군이 쳐낸다. 제자 몸에 계신 장군이나 제가집 몸에 감겨있는 귀신은 천지팔양경을 하지 않으면 움직이지 않기 때문에 귀신이 감겨있는지 조차 모르기 때문에 어떤 일이든 꼭 천지팔양경을 사용해야 한다.

선 생 : 지금까지 선생이 설명한 것이 맞느냐고 호구별상장군님 한테 여쭈어 봐.

제 자 : 선생님이 설명을 너무 잘해 주셨데요. 친정아버지의 명패 호구별상장군을 찾아

169

드렸다.

(6) 천하장군

선생: 흰말은 친정아버지 호구별상장군님이 타시고 검정말, 갈색말 두 마리가 있어?

제자: 예 있습니다.

선생: 말 두 마리 중에 한 마리를 누가 타실 것인지 빨리 오시라고 해.

제자: 젊은 분이 오셨는데요 수염이 시커멓게 많이 났는데 누구신지 모르겠어요.

선생 : 그러면 호구별상장군님한테 여기 오신 분

이 누구시냐고 여쭈어 봐.

제자 : 호구별상장군님한테 여쭈어 봤는데 말씀

안 하세요.

선생 : 그러면 호구별상 용궁마마 선녀부인한테

여기 계신 분이 누구시냐고 여쭈어 봐.

제자 : 호구별상 용궁마마 선녀부인의 남편이라고

하시는데요.

선생 : 호구별상 용궁마마 선녀부인의 남편이면

제자 친정 2대 할아버지 아니야?

제자 : 저의 친정2대 할아버지는 동굴에 계실 때 모습은 수염이 하얀 할아버지셨는데 여기 계신 분은 수염이 시커멓게 난 젊은 분인데 장비 같아요.

선생 : 신령은 명패에 따라 모습이 다르다. 거기 계신 분한테 저의 친정 2대 할아버지가 맞느냐고 여쭈어 봐.

제자 : 할아버지가 맞다고 웃으시며 고개를 끄덕이세요.

선생 : 방울부채 들고 일어서서 저의 친정 2대 할

172

아버지가 맞으시면 저한테 오셔서 춤을 추워보시라고 해。

(할아버지가 맞다고 제자 몸으로 들어가셔서 춤을 추셨다。 이제 선생과 직접 대화를 하신다。)

선생 : 제자 친정 2대 할아버지 오셨어요?

제자 **친정 2대 할아버지 :** 예

선생 : 할아버지한테 복장을 갖추시고 말을 타시라고 해。

제자 : 할아버지가 갑옷을 입고 말을 타셨어요。

선생 : 어떤 갑옷을 입으셨어?

제자 : 검정색 갑옷을 입으셨습니다.

선생 : 검정말과 갈색말이 있었는데 어떤 말을 타셨어?

제자 : 검정말을 타셨습니다.

선생 : 검정말이 힘 있게 생기고 좋았어? 갈색말은 갔어?

제자 : 할아버지가 검정말을 타시니까 갈색말은 갔어요.

선생 : 그러면 할아버지도 갑옷을 입고 말을 타셨

제 자 : 으니까 장군인가 본데 할아버지는 무슨 장군이시냐고 여쭈어 봐.

선 생 : 말씀은 하시지 않고 위를 쳐다보시는데요.

제 자 : 위를 가리키셨다면 하늘을 가리키시는 것 같은데 또 어디를 가리키셔?

선 생 : 밑에 보고 계시는데 아래를 가리키시는 것 같아요.

제 자 : 그러면 천하장군이 할아버지 명패가 맞으시면 춤을 추워보시라고 해.

(할아버지가 맞다고 춤을 추셨다.)

175

선생 : 천하장군님 오셨어요?

천하장군 : 예

선생 : 천하장군님은 인간사 제자와 어떤 관계세요?

천하장군 : 친정 2대 할아버지입니다.

선생 : 천하장군님 귀신 잘 잡을 수 있어요?

천하장군 : 예 귀신 잘 잡을 수 있습니다.

선생 : 천하장군님한테 집에 가시면 어디 계실 것이냐고 여쭈어 봐.

제자 : 밖에서 법당을 지키신다는데요.

선생 : 맞아. 천하장군님은 법당 밖에 즉 건립에 계신다. 제자가 기도가면 호구별상장군님과 천하장군님이 양쪽에서 서서 잡신들이 얼씬 못하도록 지켜주신다. 뿐만 아니라 제자가 일을 갔다 왔다든지 기도를 갔다 왔다든지 건립에 서서 천하장군님한테 제자몸에 묻어 들고 따라 붙은 것이 있으면 쳐주십시오 하면 천하장군님이 오방기로 제자몸을 털어주신다. 또 손님이 왔다갔는데 몸이 좀 안 좋으면 천하장군님한테 고하면 천

하 장군님이 쳐주신다. 이와 같은 신의 세계
현실을 현재 무속인들이 신을 제대로 받지
못하여 모르기 때문에 계백장군, 이순신장
군, 최영장군, 백마장군을 받았다고 생각하
고 있다. 이 제자는 젊어서 가신 동기일신
이 큰아버지나 삼촌이 없기 때문에 친정 2
대 할아버지가 산신약명도사와 천하장군 1
인 2역을 하신다.

(7) 일월선관도사

선생 : 산신할아버지 계시던 곳에서 산꼭대기로 올라가 봐.

제자 : 산꼭대기에 올라 왔습니다.

선생 : 산꼭대기에 혹시 누가 계신가 잘 찾아봐.

제자 : 아무도 없는데요.

선생 : 그러면 제자 머리 위로 하늘을 쳐다봐.

제자 : 구름이 한 조각 있는데 사람이 있는 것 같아요.

선생 : 그러면 구름 보고 밑으로 내려오라고 해봐.

179

제자 : 구름이 밑으로 내려 왔는데 모르는 할아버
지 한 분이 타셨어요.

선생 : 구름타고 계신 할아버지한테 누구시냐고
여쭈워 봐.

제자 : 할아버지가 말씀을 안 하세요.

선생 : 그러면 호구별상 용궁마마 선녀부인한테
구름타고 내려 오신 할아버지가 누구시냐고
여쭈어 봐.

제자 : 저의 시댁할아버지라고 하시는데요.

선생 : 제자 시댁할아버지면 2대 할아버지도 계시

180

선생 : 그래도 할아버지 생전에 제자가 보지 못하
여 모르니까 저의 시댁 3대 할아버지가 맞
으시면 제자가 알아볼 수 있는 할아버지
손을 보여 달라고 해봐.

제자 : 할아버지가 맞다고 고개를 끄덕이셨어요.

선생 : 그러면 할아버지한테 저의 시댁 3대 할아
버지가 맞으시냐고 직접 여쭈어 봐.

제자 : 저의 시댁 3대 할아버지라고 하시는데요.

선생 : 고 3대 할아버지도 계시는데 몇 대 할아버
지시냐고 여쭈어 봐.

제자 : 애들 아빠를 보여주시는데요.

선생 : 할아버지한테 지금 보여준 사람은 애들 아빠인데 할아버지와는 어떤 관계냐고 여쭈어봐.

제자 : 할아버지 증손자라고 하시는데요.

선생 : 애들 아빠가 할아버지 증손자면 제자 시댁 3대 할아버지가 맞네. 방울부채 들고 일어서서 저의 시댁 3대 할아버지가 맞으시면 저한테 오셔서 춤을 추워보시라고 해.

제자 : 할아버지가 꼼짝도 하시지 않아요.

선생 : 그러면 할아버지 표정을 봐. 어떤 표정인신가?

제자 : 할아버지가 화나신 표정이예요.

선생 : 할아버지 앞에 무릎 꿇고 앉아서 할아버지 제가 몰라서 이제 찾아 왔습니다. 잘못했습니다. 하고 빌어. 선생은 옆에서 할아버지 마음을 풀어드리려고 육갑해원경을 했다. 한참을 빌더니 할아버지 마음이 풀어지셨는지 제자가 울음을 터뜨렸다.

제자 : 선생님 할아버지 마음이 풀리셨나 봐요. 제

183

선생 :: 손을 꼭 잡아 주셨어요.

선생 :: 그러면 할아버지 저한테 오셔서 춤을 추워 보시라고 해.

(할아버지가 제자 몸으로 들어가셔서 춤을 추셨다.)

선생 :: 제자 시댁 3대 할아버지 오셨어요?

시댁3대 할아버지 :: 예

선생 :: 할아버지 몇 십 년을 제자 기다리시느라고 마음고생 많으셨지요?

시댁3대 할아버지 :: 예

184

선생 : 그래도 이제라도 제자가 할아버지를 찾아 갔으니 좋으시잖아요?

시댁 3대 할아버지 : 예 좋습니다. 선생님 덕분입니 다. 고맙습니다.

선생 : 그러면 할아버지는 무슨 명패를 받으셨냐 고 여쭈어 봐.

제자 : 할아버지가 말씀을 안 하세요.

선생 : 지금 할아버지 모습은 어떤 모습이야?

제자 : 하얀 도포를 입으시고 손에는 꼬부라진 지 팡이를 잡으셨어요. 그런데 옆에다 동그란

선 생 : 할아버지한테 차고 계신 동그란 것이 무엇

것을 차고 계시는데요.

이냐고 여쭈어 봐.

제 자 : 나침반이라고 하시는데요.

선 생 : 그러면 명패는 나왔는데 왜 말씀을 안 하시

는 거야? 할아버지한테 다시 여쭈어 봐.

제 자 : 해와 달을 보여주시는데요.

선 생 : 해와 달 일월 할아버지한테 일월선관도사가

할아버지 명패가 맞으시면 춤을 추워보시라

고해.

(할아버지가 맞다고 춤을 추셨다。)

선 생 : 일월선관도사님 오셨어요?

일월선관도사 : 예

선 생 : 일월선관도사님은 인간사 제자와 어떤 관
계세요?

일월선관도사 : 예 시댁 3대 할아버지입니다。

선 생 : 일월선관도사님 이제 할아버지 한을 푸셨
지요?

일월선관도사 : 예 선생님 고맙습니다。

선 생 : 일월선관도사님은 풍수지리를 공부하셨다。

187

수맥, 집터, 좌양, 이사방향, 산소자리, 손님을 볼 때 손님이 보살님 이사 가려고 집을 보고 왔는데 가도 괜찮겠어요? 제자가 보지 않았는데 어떻게 알 것인가? 손님이 문제를 던지면 문제에 해당되는 신령님이 답을 주신다. 일월선관도사님 손님이 사는 집과 이사 가려고 보고 온 집을 보고 오셔서 점상에 앉아 계신 대신할머니한테 내려주시면 대신할머니가 받아서 손님한테 애기해 주신다. 이사 가려고 하는 집은 지금

살고 있는 집만 못하네. 이사 가지 않았으면 좋겠어요. 하고 대변하신다.

신령으로 오시는 조상님 중에 제일 어른이신 시댁 3대 할아버지 명패 일월선관도사를 찾아 드렸다.

(8)별상동자

선생 : 호구별상 용궁마마 선녀부인 계시던 폭포로 가봐. 신령님들이 계시던 기도터는 평생 잊히지 않기 때문에 언제든지 갈 수 있다.

제자 : 폭포에 왔습니다.

선생 : 호구별상 용궁마마 선녀부인 할머니 계셔?

제자 : 예 계십니다.

선생 : 호구별상 용궁마마 선녀부인 할머니 옆에 애기들이 있나 봐.

제자 : 남자 애기 혼자 있습니다.

선생 : 여자 애기는 없어?

제자 : 예 남자 애기 혼자 있어요.

선생 : 그러면 애기한테 너의 엄마가 누구냐고 보여 달라고 해 봐.

190

제자 : 저의 친정 2대 할머니를 보여주시는데요.

선생 : 그러면 호구별상 용궁마마 선녀부인 할머
니한테 여기있는 애기가 선녀부인 할머
니고 엄마라고 하는데 선녀부인 할머니 자
손이 맞으시냐고 여쭈어 봐.

제자 : 선녀부인 할머니 자손이 맞대는데요.

선생 : 그러면 호구별상장군님한테 여쭈어 봐. 여
기 있는 애기가 호구별상장군님과 동기일신
이라는데 맞느냐고?

제자 : 맞다고 하시는데요.

191

선생 : 그러면 애기가 제자 삼촌이네. 애기한테
제 삼촌이 맞으면 제자한테 와서 춤을 추워
보시라고 해.

(애기가 맞다고 제자 몸으로 들어가서 애기
춤을 추웠다.)

선생 : 애기 왔어?

애기 : 예

선생 : 애기가 무슨 옷을 입고 있나봐.

제자 : 도령같이 쾌자입고 소맷자락은 색동으로
되어 있어요.

선생 : 애기한테 무슨 명패를 받았느냐고 물어 봐.

제자 : 애기가 별이라고만 하는데요.

선생 : 애기한테 별상동자가 맞으면 춤을 추워보라고 해.

(별상동자가 맞다고 애기춤을 추웠다.)

선생 : 별상동자 왔어?

별상동자 : 예

선생 : 별상동자는 인간사 제자와 어떤 관계야?

별상동자 : 삼촌이예요.

선생 : 동자야 이제는 신령과 제자야. 인간사는 제

자 삼촌이지만 신령과 제자 사이에는 이제

는 제자한테 엄마라고 해야 돼. 알았지?

별상동자 : 예 할아버지 고맙습니다.

선 생 : 동자도 제자 기도가면 열심히 공부하여 할

아버지 할머니 심부름 잘 해야 돼.

별상동자 : 예 이 제자는 선녀는 없다.

선 생 : 제자는 이제 학교에 입학하였기 때문에 제

자 몸에 계신 신령님들이 선생이 되어 산왕

대신 용왕대신께 기도하시어 제자를 공부

시킨다. 제자는 공부(기도)하는 만큼 초·중·

고·대학에 다니듯이 똑똑한 제자로 성장하여 저승의 현실 지옥을 볼 수 있고 또 지옥에서 고통 받는 분들을 구제할 수 있다. 뿐만 아니라 남의 몸에 감겨있는 귀신도 끌어내어 제자 몸으로 접신하여 귀신이 하는 말과 행동을 그대로 대변하고 쳐내는 똑똑한 제자로 성장할 것이다. 우리 무속인들 모두가 앞에서 보는 내림굿과 같이 신을 받아 제자의 길을 간다면 무속인들을 무시하고 불신하는 사람은 없을 것이다.

(9) 백마장군

2007년 전라남도 해남 70세 되신 스님의 내림굿

선생 : 호구별상장군님 오시라고 하세요. 제자 몸에 계신 신령님들은 언제든지 선생이 호명하면 오신다.

호구별상장군 : 예 호구별상장군입니다.

선생 : 호구별상장군님 제자를 말에 태우고 제자남편 있는 곳에 데려다 주세요.

제 자 : 성황나무 밑에 남편이 오랏줄로 묶여서 무

선생 : 릎 꿇고 앉아 있어요.

선생 : 오늘은 제자 몸으로 들어오셔야 하니까 선생이 가석방을 시켜드릴 것입니다. 내림굿이 끝나면 제자님이 성황에 가서 풀어드리세요 하고 천지팔양경을 하여 풀어드렸다.

제자 : 선생님 이제 풀렸습니다.

선생 : 남편 옆에 말이 있나 보세요.

제자 : 예 말 한 마리가 있습니다.

선생 : 어떤 말이 있어요?

제자 : 흰말인데 옆구리에 날개가 있는데요.

197

선생 : 그러면 방울부채 들고 일어서서 남편한테

제자한테 오셔서 춤을 추워보시라고 하세요.

(남편이 제자 몸으로 들어가서 춤을 추셨다.

이제 선생과 직접 대화한다.)

선생 : 제자 남편 오셨어요?

제자 남편 :: 예

선생 : 남편한테 신령의대를 갖추시라고 하세요.

제자 : 남편이 옷을 입었는데 내복같이 몸에 딱 달

라붙은 옷을 입었어요.

선생 : 옷색깔은 무슨 색이예요?

198

제자 : 은색인데요. 머리에 태극기 모양이 있는 띠를 매고 뒤에는 펄럭이는 망토를 걸쳤어요.

선생 : 그러면 남편한테 말을 타보시라고 하세요.

제자 : 말을 올라탔습니다.

선생 : 멋있지요?

제자 : 예 멋집니다.

선생 : 그러면 무슨 명패를 받으셨냐고 여쭈어 보세요.

제자 : 자기도 장군이라는데요.

선생 : 장군은 장군인데 무슨 장군이냐고 여쭈어

보세요.

제　자 : 그것까지는 말 안하는데요.

선　생 : 그러면 백마장군이 명패가 맞으시면 춤을 추워보시라고 하세요.

(맞다고 춤을 추셨다.)

선　생 : 백마장군 오셨어요?

백마장군 : 예

선　생 : 백마장군님은 인간사 제자와 어떤 관계세요?

백마장군 : 예 남편입니다.

선생 : 백마장군님 제자한테 오시기까지 고생 많으셨지요?

백마장군 : 예

선생 : (기쁨 반 서러움 반 울음을 우셨다.)

백마장군 : 백마장군님 살아생전에 제자한테 잘해주지 못했으니까 이제 제자 많이 도와주세요.

선생 : 예 제자도 불쌍합니다. 많이 도와주어야죠. 선생님 고맙습니다.

백마장군 : 백마장군님한테 말 타고 한 번 날아보라고 하세요.

201

(제자가 말 타는 모습을 보고 입을 벌리고 다물 줄을 몰랐다.)

제자 : 말 타고 날아서 뾰족한 산봉우리에 서 있는 모습이 너무 멋있어서 한참을 보았습니다.

선생 : 그래도 남편을 무시할 겁니까?

제자 : 이제는 무시하지 않겠습니다. 몰라서 그랬습니다.

선생 : 백마장군은 제자들의 남편이 백마장군으로 오신다. 백마장군은 옥황상제의 사신이다. 그래서 말에 날개가 있고 장군이지만 옷도

202

슈퍼맨처럼 옷을 입었다. 흰말이라고 해서 백마가 아니다.

스님이 내림굿을 마치고 대전에 오셔서 종합탱화 불상을 모시고 가서 우리 무속인처럼 신법당을 모셨다.

(10) 매화부인

2009년 대전 제자의 내림굿

선생 : 불사대신 할머니 집 뒤로 올라가면서 무엇이 있나 찾아 봐.

제자 : 초가집 지붕이 보이는데요.

선생 : 초가집 보이는 곳으로 가봐.

제자 : 초가집 앞에 왔는데 불사대신 할머니 집은 오래된 초가집인데 이집은 새집이에요.

선생 : 주변이 어떻게 되어 있어?

제자 : 수숫대로 울타리가 되어 있고 싸릿문도 있어요.

선생 : 그러면 집안으로 들어가봐.

제자 : 집안으로 들어 왔는데 사람이 안보여요.

선생 : 마루 올라가는 곳에 사람 신발이 있나 봐.

제자 : 여자 고무신 한 켤레가 있어요.

선생 : 그러면 사람이 있나 본데 마루에 올라가서 방문을 열어 봐.

제자 : 방으로 들어왔는데 젊은 여자 분이 계세요.

선생 : 그러면 여자 분한테 누구시냐고 여쭈어 봐.

제자 : 말씀 안하시는데요.

선생 : 그러면 호구별상 용궁마마 선녀대신 할머니한테 방에 계신 젊은 여자 분이 누구시냐고 여쭈어 봐.

제자 : 호구별상 용궁마마 선녀대신 할머니도 말

선 생 : 그러면 호구별상장군님한테 방에 계신 젊은 여자 분이 누구냐고 여쭈어 봐.

제 자 : 말씀 안 하세요.

선 생 : 그러면 젊은 여자 분한테 남편이 누구신가 보여 달라고 해 봐.

제 자 : 저의 친정아버지를 보여주시는데요.

선 생 : 그러면 호구별상장군님한테 여기 젊은 여자분이 남편이라고 하는데 맞느냐고 여쭈어 봐.

씀 안하세요.

206

제자 : 맞다고 하시는데요.

선생 : 그러면 젊은 여자 분한테 저의 큰엄마가 맞느냐고 여쭈어 봐.

제자 : 맞다고 하시는데요.

선생 : 그러면 큰엄마한테 절하고 인사드려봐.

제자 : 절하고 인사드렸는데 싸늘한 표정으로 저를 쳐다만 보고 계세요.

선생 : 큰엄마 앞에 무릎 꿇고 앉아서 큰엄마 제가 몰라서 이제 찾아 왔습니다. 하고 빌어.

(큰엄마 마음을 푸시라고 육갑회원경을 했

다. 큰엄마 마음이 풀어지셨는지 제자가 울음을 울기 시작했다.)

선생 : 큰엄마 마음이 풀리신 거 같아?

제자 : 저를 부둥켜안고 큰엄마도 우셨어요.

선생 : 그러면 방울부채 들고 일어서서 큰엄마 저한테 오셔서 춤을 추워보시라고 해.
(제자의 큰엄마가 제자 몸으로 들어가셔서 춤을 추셨다.)

선생 : 제자 큰엄마 오셨어요?

제자 큰엄마 : 예

208

선생 : 그동안 얼마나 고생이 많으셨어요?

(제자 큰엄마가 서러워 한참을 우셨다.)

선생 : 큰엄마한테 의대를 갖추시라고 해.

제자 : 뭐라고 설명은 못하겠는데요 사극에서 보는 후궁들의 모습인데요.

선생 : 맞아. 이분의 모습은 사극에서 보는 후궁의 모습이야. 무슨 명패를 받으셨냐고 여쭤 어봐.

제자 : 말씀 안하시는데요.

선생 : 그러면 이분이 입고 계신 치마를 보면 어떤

209

제자 : 무슨 꽃무늬가 있어?

제자 : 무슨 꽃무늬가 있는데요.

선생 : 무슨 꽃인가 잘 봐.

제자 : 매화꽃같은데요.

선생 : 맞아. 매화꽃이야. 큰엄마 명패야. 큰엄마 한테 매화부인이 명패가 맞으면 춤을 추워 보시라고 해.

(제자 큰엄마가 맞다고 춤을 추셨다.)

선생 : 매화부인 오셨어요?

매화부인 : 예

210

선생 : 매화부인은 인간사 제자와 어떤 관계세요?

매화부인 : 예 친정 큰엄마입니다.

선생 : 매화부인 할머니는 자식도 낳지 못하고 젊어서 일찍 가셔서 한이 많으시겠지만 그래도 제자의 조상님이시니까 제자 많이 도와 주세요.

매화부인 : 예 선생님 저를 찾아주셔서 고맙습니다.

선생 : 매화부인은 시아버지나 친정아버지의 조강지처로서 젊어서 일찍 가신 분들이 오신

다. 매화부인은 신령으로서 하시는 역할은 없다. 제자의 앞을 막기 때문에 매화부인이 라는 명패만 주어 좌정시켜 주는 것뿐이다. 매화부인은 냉정하고 독하다. 추울 때 맨 먼저 피는 꽃이 매화꽃이다. 그만큼 좋게 말하면 강하고 나쁘게 말하면 독하다. 때문에 제자가 잘 받들어 주어야 한다. 조금이라도 소홀히 하면 제자를 힘들게 한다. 젊어서 가신 제자 친정 큰엄마의 명패 매화부인을 찾아드렸다.

● 미혼 남성의 내림굿

(1) 대신할머니

2011년 부산 무속인 3년. 이 제자는 아버지가 돌아가신 지 63일 만에 내림굿을 하였었다. 조상님을 천도해 드리고 내림굿하기 전에 제자를 합장시켜 앉혀 놓고 천지팔양경을 하여 제자 몸을 깨끗하게 쳐냈다.

선생 : 제자 조상님들 그 동안 얼마나 마음고생 많으셨습니까?

자손이 제자의 길을 가면서 조상 신령님들

선생 :: 명패를 찾아 드리려고 했지만 신령님들 명패를 찾아주는 선생이 없어 찾아드리지 못했답니다. 오늘은 선생이 책임지고 신령님들 명패를 찾아드릴 테니 노여움을 푸시고 한시바삐 제자한테 오세요. 이날을 얼마나 기다리셨습니까?

신령강신주 경문을 끝내고 제자 영혼을 천상으로 보내어 조상 신령님들이 도 닦는 기도터를 찾아가도록 인도한다.

제자는 지금 바닷가에 서 있다. 바다가 보여?

제자 : 제가 지금 바닷가에 서 있습니다.

선생 : 잔잔한 바다야? 아니면 파도치는 바다야?

제자 : 바다가 잔잔합니다.

선생 : 바다는 산과 연결되어 있다. 제자 앞에 산이 보여?

제자 : 조금 떨어진 곳에 높은 산이 있습니다.

선생 : 그러면 속으로 북두대성 용왕대신을 찾아가며 산 밑에까지 가봐.

제자 : 산 밑에 왔습니다.

선생 : 산 밑에 뭐가 있어?

제자 : 바위만 많은데요.

선생 : 그러면 바위에 혹시 누가 계신가 찾아보고 제자가 산으로 갈 수 있으니까 발길이 닿는 대로 가봐.

제자 : 선생님 제가 지금 산으로 올라가고 있습니다.

선생 : 제자가 올라가고 있는 옆으로 계곡이 있나 봐.

제자 : 저 밑에 계곡이 있습니다.

선생 : 그러면 계곡으로 내려가서 물이 흐르고 있나 봐.

제자 : 계곡에 내려왔는데 물은 흐르지 않고 촉촉

선생 : 하게 젖어 있습니다.

선생 : 그러면 북두대성 용왕대신을 찾아가며 올라가 봐.

제자 : 한참 올라오니까 조금씩 흐르는데요.

선생 : 계속 올라가 봐.

제자 : 선생님 갑자기 앞이 깜깜하고 발길이 떨어지지 않는데다.

선생 : 천지팔양경을 하여 앞이 보이도록 해주었다.

제자 : 선생님 이제 앞이 보입니다.

선생 : 물줄기를 따라 계속 올라가 봐.

제자 : 선생님 위에 올라왔는데 큰 폭포가 있습니다.

선생 : 그러면 폭포 주변에 누가 계신가 잘 찾아봐.

제자 : 아무도 안계십니다.

선생 : 폭포에서 기도하시던 분 어디 가셨나 빨리 오시라고 해.

제자 : 아무도 안 오시는데요.

선생 : 조상님들이 제자 오기를 기다리시다가 쳐서 다른 데로 가셨나보다. 큰일 났네. 조상님들을 어디 가 찾아?

선생 : 폭포 위에를 봐 뭐가있어?

제자 : 집둥같은 바위가 많습니다.

선생 : 그러면 바위있는 곳으로 올라가서 무엇이 있나 잘 찾아 봐.

제자 : 선생님 여기 동굴이 있습니다.

선생 : 그러면 동굴에 들어가 봐.

제자 : 동굴안이 짖은 안개가 자욱해서 보이지 않아 못들어 가겠습니다.

선생 : 선생이 겉어줄께 들어가봐 하고 천지팔양경을 하여 동굴을 환하게 겉어 주었다.

제자 : 선생님 이제 들어갈 수 있습니다. 선생님

선생 : 동굴안에 들어 왔습니다.

선생 : 누가 계신가 잘 찾아 봐.

제자 : 아무도 안계시는데요.

선생 : 그러면 동굴에서 나와.

제자 : 동굴에서 나왔습니다.

선생 : 좌측으로 보면 어디야?

제자 : 잔잔한 숲인데요.

선생 : 숲속으로 내려가며 무엇이 있나 잘 찾아 봐.

제자 : 멀리 기와 지붕이 보이는데요.

선생 : 기와집을 찾아가봐.

제자: 선생님 기와집에 왔는데 정자도 있습니다.

선생: 정자에 사람이 있어?

제자: 사람은 없는데요.

선생: 그러면 기와집 안으로 들어가 봐.

제자: 집안으로 들어왔는데 디귿자로 된 대궐같은 기와집에 넓은 마당입니다.

선생: 사람은 없어?

제자: 예 사람은 보이지 않습니다.

선생: 마루올라가는 토방에 신발이 있나 봐.

제자: 없는데요.

선 생 :: 집 비워놓고 외출 나가셨나. 조상님들이 다 어디 가셨어.

제자는 백팔염주를 들고 백팔배 절을 하면서 할아버지, 할머니 제가 잘못했습니다. 살려주세요 하고 빌어. 말로만 신을 받아 제자라고 했지만 몇 년 동안 어떻게 했어 조상님들은 입으로만 잘못했다고 하면 믿지를 않아. 그래서 행동으로 보여주는 거야. (제자를 백팔배를 시키며 선생은 조상님들 마음을 푸시라고 육갑회원경을 해주었다.)

선생 : 다시 폭포로 가봐. 제자가 한 번 찾아갔던 조상 신령님들의 기도터는 평생 잊혀지지 않기 때문에 언제든지 갈 수가 있다.

제자 : 선생님 폭포에 왔습니다.

선생 : 그러면 폭포 주변에 누가 계신가 잘 찾아봐.

제자 : 선생님 저쪽에 여자 분이 합장하고 기도하시는데요.

선생 : 처음 제자가 갔을 때도 사람이 있었는데 조상 신령님들이 노여움을 사셔서 제자가 보이지 않도록 제자의 눈을 가린 것이다. 제

223

선생 : 자가 백팔배를 하며 살려달라고 용서를 비

니까 자식 이기는 부모 없듯이 조상님들이

마음을 열어주셨기 때문에 제자가 볼 수 있

는 것이다。

선생 : 그러면 가까이 가서 누구신가 봐。

제자 : 누군신지 모르겠습니다。

선생 : 그러면 폭포에 계신 분한테 누구시냐고 여

쭈어 봐。

제자 : 몇 번을 여쭈어 봐도 말씀을 안하시는데요。

선생 : 그러면 속으로 할머니, 할아버지한테 여기

224

제 자 : 폭포에 계신 분이 누구시냐고 여쭈어 봐.

저의 할머니라고 하시는데요.

선 생 : 누가 할머니라고 일러주셔?

제 자 : 어느 분이 말씀하시는 것이 아니고 직감으로 느낀 것입니다.

선 생 : 그래. 손님 볼 때도 직감으로 보는 거야. 직감은 신령님이 일러주시는 말을 제자 마음으로 알아듣는 거야. 제자 할머니면 2대 할머니도 계시고 3대 할머니도 계시는데 몇 대 할머니시냐고 여쭈어 봐.

제자 : 3대 할머니라고 하시는데요.

선생 : 그러면 폭포에 계신 할머니한테 저의 3대 할머니가 맞으시냐고 직접 여쭈어 봐.

제자 : 할머니가 맞다고 고개를 끄덕이셨어요.

선생 : 그러면 할머니한테 저의 3대 할머니가 맞으시면 살아있는 할머니 자손을 보여 달라고 해봐.

제자 : 저의 삼촌을 보여주시는데요.

선생 : 할머니한테 지금 보여 주신 분은 저의 삼촌인데 할머니와는 어떤 관계냐고 여쭈어 봐.

제자 : 할머니 손자라고 하시는데요.

선생 : 제자 삼촌이 할머니 손자면 제자한테는 3 대 할머니 맞네. 방울부채 들고 일어서서 할머니한테 저의 3대 할머니가 맞으시면 저한테 오셔서 춤을 추워보시라고 해.

(할머니가 제자 몸으로 들어가셔서 춤을 추셨다. 선생과 직접 대화하신다.)

선생 : 제자 3대 할머니 오셨어요?

3대 할머니 : 예

선생 : 할머니 제자 기다리시느라고 얼마나 마음

227

3대 할머니 : 말하면 뭐 합니까?

선 생 : 할머니 늦었어도 제자한테 오시니까 좋으시지요?

3대 할머니 : 예 선생님 덕분입니다. 고맙습니다.

선 생 : 3대 할머니 한테 신령의 대를 갖추시라고 해.

제 자 : 신복을 입으셨습니다.

선 생 : 어떤 옷을 입으셨는지 설명하기 어려우니까 소맷자락만 보고 얘기해.

고생 많으셨어요?

선생 : 소맷자락이 넓게 늘어졌는데 오색으로 되어 있습니다.

선생 : 그런데 여자 신령님들은 머리에 무엇을 쓰신다. 선생이 할머니 앞에 꼬깔모자 중전따리머리 조금 작은 상궁따리머리 쪽두리 네개를 할머니 앞에 띄웠어. 있어?

제자 : 할머니 앞에 둥둥 떠 있습니다.

선생 : 제자가 할머니한테 하나씩 씌워 드려봐.

제자 : 꼬깔모자를 씌워드리니까 할머니가 인상을 찌푸리시며 벗어 던지더니 중전따리머리를

229

씌워드리니까 할머니한테 잘 맞고 할머니가 좋아하세요.

선 생 : 그러면 할머니는 무슨 명패를 받으셨냐고 여쭈어 봐.

제 자 : 말씀 안하시는데요. (신령의 명패를 직접 말씀하시는 신령은 없고 선생의 묻는 말에 맞으면 춤으로 답변하신다.)

선 생 : 그러면 호구별상 용궁마마 부인이 할머니 명패가 맞으시면 춤을 추워보시라고 해.

(할머니 명패가 맞다고 좋아하시며 춤을 추셨다.)

선생 : 호구별상 용궁마마부인 오셨어요?

호구별상 용궁마마부인 : 예 선생님 할머니 오셨어요?

선생 : 호구별상 용궁마마부인 고맙습니다.

호구별상 용궁마마부인 : 예 선생님 고맙습니다.

선생 : 호구별상 용궁마마부인 할머니는 인간사 제자와 어떤 관계세요?

호구별상 용궁마마부인 : 예 3대 할머니입니다.

선생 : 호구별상 용궁마마부인 할머니 점 잘 보실 수 있어요?

호구별상 용궁마마부인 : 예 점 잘볼수 있습니다.

선 생 : 호구별상 용궁마마부인 할머니가 점을 잘 봐주셔야 제자가 이름이 납니다. 아셨죠?

호구별상 용궁마마부인 : 선생님 염려 마십시오. 제자 이름 내 줄 것입니다.

이 제자는 어머니가 살아계신다. 때문에 점 볼 사람이 없어 옥황상제께서 제자 3대 할머니한테 호구별상 용궁마마부인의 명패를 주어 우선 제자한테 가서 점을 봐주다가 자손(제자의 어머니)이오거든 인계하시오. 해서 제자의 3대 할머니가 대신할머니로 오셔서 점을 봐주신다. 신령의 모습은 사극에서 보는 중전마마의 모습이다. 무속인들이 신을 받지 않아 모습을 보고도 누구신지를 몰라 명성황후, 인현황후를 찾고 있다. 제자의 3대 할머니 명패 호구별상 용궁마마부인을 찾아드렸다. 명패를 찾아드렸다고 하는 말은 신령님이 명패 차고 제자 몸으로 들어오신 것을 말한다.

(2)산신약명도사

선생 : 폭포 위에 동굴로 가봐.

제자 : 동굴 앞에 왔습니다.

선생 : 그러면 동굴 안에 들어가 봐.

제자 : 선생님 동굴이 깜깜해서 들어갈 수가 없습니다.

(천지팔양경을 하여 동굴 안을 들어갈 수 있도록 해주었다.)

제자 : 선생님 동굴 안에 들어갈 수 있습니다.

선생 : 동굴 안에 들어가서 누가 계신가 잘 찾아 봐.

제자 : 선생님 동굴 안에 들어왔는데 할아버지 한 분이 계십니다.

선생 : 할아버지한테 누구시냐고 여쭈어 봐.

제자 : 아무 말씀도 안하시는데요.

선생 : 그러면 호구별상 용궁마마부인 할머니한테 여기 동굴에 계신 분이 누구시냐고 여쭈어 봐.

제자 : 저의 할아버지라고 하시는데요.

선생 : 제자 할아버지면 2대 할아버지도 계시고 3 대 할아버지도 계시는데 몇대 할아버지시 냐고 여쭈어 봐.

제자 : 저의 2대 할아버지라고 하시는데요.

선생 : 그러면 동굴 안에 계신 할아버지한테 저의 2대 할아버지가 맞으시냐고 여쭈어 봐.

제자 : 할아버지가 맞다고 고개를 끄덕이셨어요.

선생 : 방울부채 들고 일어서서 저의 2대 할아버지가 맞으시면 저한테 오셔서 춤을 추워보시라고 해.

제자 : 할아버지가 꼼짝도 안하시는데요.

선생 : 그러면 할아버지 표정을 봐.

제자 : 할아버지가 화나신 표정인데요.

선생 : 그러면 할아버지 앞에 무릎 꿇고 앉아서 할아버지한테 잘못했다고 빌어.

(제자는 용서를 빌고 선생은 할아버지 마음

236

을 푸시라고 육갑회원경을 했다. 자식을 이기는 부모 없다고 손자가 용서를 비니까 할아버지 마음이 풀려 제자가 울음을 터뜨렸다.)

선생 : 할아버지 화가 풀리신 거 같아?

제자 : 예 할아버지가 제 손을 잡아주셨습니다.

선생 : 그러면 다시 할아버지한테 저의 2대 할아버지가 맞으시면 저한테 오셔서 춤을 추워 보시라고 해.

(제자 할아버지가 제자 몸으로 들어가셔서

춤을 추셨다. 이제는 선생과 직접 대화하신

다.)

선생 : 제2대 할아버지 오셨어요?

제2대 할아버지 : 예

선생 : 할아버지 제자한테 오시기까지 고생 많으

셨죠?

제2대 할아버지 : 예

(할아버지가 서러움 반 기쁨 반 울음을 우셨

다.)

선생 : 할아버지한테 신령의대를 갖추시라고 해.

제자 : 산신복을 입으셨는데요.

선생 : 할아버지 머리는 어떤 모습이야?

제자 : 머리를 틀어 올리고 비녀를 꽂으셨습니다.

선생 : 그러면 할아버지는 무슨 명패를 받으셨느냐고 여쭈어 봐.

제자 : 말씀 안하시는데요. 그런데 선생님 호랑이 한 마리가 와서 할아버지 옆에 서 있습니다.

선생 : 그 호랑이는 할아버지가 타고 다니시는 호랑이야. 무섭지 않아?

제자 : 호랑이가 저를 쳐다보는데 무섭지는 않습

선 생 : 그러면 할아버지한테 신신약명도사가 할아버지명패가 맞으시면 춤을 추워보시라고 해.

(할아버지 명패가 맞다고 춤을 추셨다. 선생과 직접 대화하신다.)

선 생 : 산신약명도사님 오셨어요?

산신약명도사 : 예

선 생 : 산신약명도사님은 인간사 제자와 어떤 관계세요?

니다.

산신약명도사 : 예 2대 할아버지입니다.

선　생 : 산신약명도사님 제자 공부시켜 똑똑한 제
　　　　자로 키우세요.

산신약명도사 : 예 선생님 명패 찾아주셔서 고맙
　　　　습니다.

선　생 : 산신할아버지한테 할아버지 집에 가보자고
　　　　해봐.

제　자 : 동굴에서 나와 바위 옆으로 가시는데요.

선　생 : 제자도 할아버지 따라가 봐.

제　자 : 집앞에 왔는데 조그마한 기와집이에요.

선생 : 산신할아버지한테 할아버지 공부하신 것을

　　　　보여 달라고 해봐.

제자 : 산신할아버지가 방으로 들어가셨습니다.

선생 : 제자도 방으로 들어가 봐.

제자 : 선생님 방으로 들어 왔는데 장농 같은 곳에

　　　　조그마한 서랍이 있는데 한문으로 글씨가

　　　　쓰여 있습니다.

선생 : 그러면 산신할아버지한테 무엇이냐고 여쭈

　　　　어 봐.

제자 : 산신할아버지가 약이라고 하시는데요.

242

선생 : 그러면 제자가 서랍마다 열어 봐.

제자 : 서랍마다 약초뿌리 말린 것이 들어있습니다.

선생 : 이제 마루에 나와 무엇이 있나 찾아봐.

제자 : 마루 위 석까래에 무엇인가 봉지마다 글씨를 써서 매달아 놓았습니다.

선생 : 산신할아버지한테 석까래에 매달려 있는 봉지에 무엇이 들어 있느냐고 여쭈어 봐.

제자 : 산신할아버지가 약이라고 하시는데요.

선생 : 산신할아버지한테 그 약 다 뭐하실 것이냐고 여쭈어 봐.

243

제자 : 산신할아버지가 아픈 사람 고치려고 하신
　　　다는 데요.

선생 : 산신할아버지가 약을 공부하셨는데 아픈
　　　사람한테 약을 먹여서 고치는 것은 아니다.
　　　신의 약법은 굿이다. 산신 약명도사님이 하
　　　시는 역할은 앞에서 설명한 것과 같다.
　　　2대 할아버지 명패 산신약명도사를 찾아드
　　　렸다.

244

(3) 산신불사 글문대감

미혼여성과 남자는 시댁이 없기 때문에 2대 할아버지가 산신약명도사와 산신불사 글문대감 1인 2역을 하신다.

선생: 숲속에 기와지붕이 보이고 정자가 있던 곳으로 가봐.

제자: 정자에 왔습니다.

선생: 사람이 있어

제자: 저의 2대 할아버지 같은데요.

선생: 할아버지한테 저의 2대 할아버지가 맞으시

제자 : 나고 여쭈어 봐.

제자 : 할아버지가 맞다고 웃으시며 제 손을 꼭 잡아주세요.

선생 : 할아버지한테 집으로 들어가시자고 해봐.

제자 : 큰 기와집에 들어 왔습니다.

선생 : 할아버지는 어디 계셔?

제자 : 할아버지는 방으로 들어가셨습니다.

선생 : 제자도 방으로 들어가 봐.

제자 : 방에 들어왔습니다.

선생 : 할아버지 지금 뭐하고 계셔?

제자 : 할아버지 앞에 책상이 있는데 책상위에 벼루, 먹, 붓이 있는데 책을 보고 계세요.

선생 : 할아버지는 어떤 모습이야?

제자 : 물색으로 된 도포를 입으시고 머리에는 뿔갓을 쓰셨는데요.

선생 : 방울부채 들고 일어서서 할아버지 저한테 오셔서 춤을 추워보시라고 해.

(할아버지가 제자 몸으로 들어 가셔서 춤을 추셨다. 선생과 직접 대화를 하신다.)

선생 : 제자2대 할아버지 오셨어요?

247

제자2대 할아버지 : 예

선 생 : 할아버지 그동안 마음고생 많이 하셨죠?

제자2대 할아버지 : 예 선생님 고맙습니다.

선 생 : 할아버지한테 무슨 명패를 받으셨느냐고
여쭈어 봐.

제 자 : 할아버지가 말씀 안하시는데요.

선 생 : 그러면 할아버지한테 산신불사 글문대감이
할아버지 명패가 맞으시면 춤을 추워보시
라고 해.

(할아버지가 춤을 추셨다.)

선 생: 산신불사 글문대감님 오셨어요?

산신불사 글문대감: 예

선 생: 산신불사 글문대감님은 인간사 제자와 어떤 관계세요?

산신불사 글문대감: 예 2대 할아버지입니다.

선 생: 산신불사 글문대감님 이제 명패를 찾아드렸으니 제자 열심히 공부시켜 똑똑한 제자로 키우세요.

산신불사 글문대감: 예 선생님 고맙습니다.

1인 2역 하시는 제자 2대 할아버지의 명패 산신

불사 글문대감을 찾아드렸다.

사신불사 글문대감님이 하시는 역할은 앞

에서 설명한 것과 동일하다.

(4) 불사대신

선생 : 산신불사 글문대감님 기와집 뒤 숲속으로

올라가면서 뭐가 있나 잘 찾아봐.

제자 : 선생님 저 위에 초가지붕이 보입니다.

선생 : 그러면 초가집을 찾아가 봐.

제자 : 선생님 초가집 앞에 왔습니다.

선생 : 초가집 주위에 무엇이 있나봐.

제자 : 수수대로 울타리가 되어있고 싸릿문이 있습니다.

선생 : 그러면 집안으로 들어가 봐.

제자 : 집안으로 들어왔는데 사람은 없고 마당에 장독대가 있습니다.

선생 : 그러면 장독대에 무엇이 있나 뚜껑을 열어봐.

제자 : 간장도 있고 된장도 있고 고추장도 있습니다.

선 생 : 그러면 부엌으로 들어가 봐.

제 자 : 선생님 부엌에 들어왔는데 할머니 한 분이
계십니다.

선 생 : 제자가 모르시는 분이야?

제 자 : 예 저는 모르는 분입니다.

선 생 : 부엌에 또 무엇이 있어?

제 자 : 부뚜막에 큰 가마솥이 걸려있는데 아궁이
에 불이 지펴져 있고 그릇 놓는 곳에는 촛
불도 있고 물잔도 있습니다.

선 생 : 그러면 부엌에 계신 할머니한테 누구시냐

252

제자 : 고 여쭈어 봐.

제자 : 할머니가 말씀 안하시는데요.

선생 : 그러면 호구별상 용궁마마부인 할머니한테
여기 부엌에 계신 할머니가 누구시냐고 여
쭈어 봐.

제자 : 저의 할머니라고 하시는데요.

선생 : 제자 할머니면 몇 대 할머니시냐고 여쭈
어봐.

제자 : 저의 2대 할머니라고 하시는데요.

선생 : 그러면 부엌에 계신 할머니한테 저의 2대

제 자 : 할머니시냐고 여쭈어 봐.

선 생 : 할머니가 맞다고 고개를 끄덕끄덕 하셨어요.

제 자 : 그래도 할머니 생전에 제가 보지 못했으니 할머니 자손 중에 살아있는 자손을 보여 달라고 해봐.

선 생 : 저의 작은 아버지를 보여주시는데요.

제 자 : 지금 보여주신 분은 제 작은아버지이신데 할머니와는 어떤 관계시냐고 여쭈어 봐.

선 생 : 할머니 아들이라고 하시는데요.

제 자 : 제자 작은아버지가 할머니 아들이면 제자

254

제자 : 2대 할머니가 맞네.

선생 : 예 저의 2대 할머니가 맞습니다.

선생 : 방울부채 들고 일어서서 저의 2대 할머니가 맞으시면 저한테 오셔서 춤을 추워보시라고 해.

(할머니가 맞다고 제자 몸으로 들어가셔서 춤을 추셨다.)

선생 : 제자 2대 할머니 오셨어요?

2대 할머니 : 예

선생 : 할머니 그동안 마음고생 많으셨지요?

2 대 할머니

할머니 : 예 (할머니가 서러움 반 기쁨 반 울음을 우 셨다.)

선생 : 할머니한테 신령의대를 갖추시라고 해.

제자 : 머리에 꼬깔을 쓰시고 불사복을 입으시고 목에 백팔염주를 걸었습니다.

선생 : 그러면 할머니 무슨 명패를 받으셨냐고 여 쭈어 봐.

제자 : 할머니가 말씀을 안하세요.

선생 : 그러면 할머니한테 불사대신이 할머니 명

256

패가 맞으시면 춤을 추워보시라고 해.

(할머니 명패가 맞다고 춤을 추셨다.)

선　생 : 불사대신 할머니 오셨어요?

불사대신 : 예

선　생 : 불사대신 할머니는 인간사 제자와 어떤 관

계세요?

불사대신 : 예 2대 할머니입니다.

선　생 : 불사대신 할머니 이제 명패를 찾아드렸으

니 소원 푸셨죠?

불사대신 : 예 선생님 덕분입니다. 고맙습니다.

제자 2대 할머니의 명패 불사대신을 찾아드렸다. 꼬깔 쓰고 오시는 불사대 신은 제자들의 시댁 2대 할머니가 오 시고 이혼한 남자도 2대 할머니가 불 사대신으로 오신다.

(5) 호구별상장군

선생 : 큰 성황나무 밑에 흰말, 검정말, 갈색말 말 세 마리가 있다. 있어?

제자 : 예 있습니다.

선생 : 말 세 마리 중에 흰말은 누가 타실 것인지 말 타실 분 빨리 오시라고 해.

제자 : 저의 아버지가 오셨습니다.

선생 : 아버지한테 큰절을 하고 인사드려.

제자 : 아버지가 좋아하세요.

선생 : 방울부채 들고 일어서서 아버지 저한테 오셔서 춤을 추워 보시라고 해.

(제자 아버지가 제자 몸으로 들어가셔서 춤을 추셨다. 선생과 직접 대화를 하신다.)

선생 : 제자 아버지 오셨어요?

제자 : 아버지 .. 예

선생 : 아버지한테 복장을 갖추시고 말을 타시라

고 해.

제자 : 아버지가 말을 타셨습니다.

선생 : 어떤 말을 타셨어?

제자 : 흰말을 타셨습니다.

선생 : 어떤 모습으로 말을 타셨어?

제자 : 갑옷을 입으시고 큰 칼을 들으셨습니다.

선생 : 갑옷 색깔은 무슨 색이야?

제자 : 빨간색 갑옷입니다.

선 생 : 그러면 아버지는 무슨 명패를 받으셨느냐

고 여쭈어 봐.

제 자 : 말씀을 안하세요.

선 생 : 말머리를 보면 악세사리같이 뭐가 있을 거

야 잘 봐.

제 자 : 말머리 가운데 가죽 띠에 별이 있습니다.

선 생 : 별이 몇 개 있는지 잘 봐.

제 자 : 별이 일곱 개가 붙어 있습니다.

선 생 : 별이 일곱 개면 칠성을 뜻하는 것이고 갑옷

을 입고 말을 타셨으니 칠성에 장군인데 아

버지한테 호구별상장군이 아버지 명패가

맞으면 춤을 추워보시라고 해.

（제자 아버지가 맞다고 말 타는 모습으로 춤

을 추셨다. 선생과 직접 대화를 하신다.）

선 생 : 호구별상장군님 오셨어요?

호구별상장군 : 예

선 생 : 호구별상장군님은 인간사 제자와 어떤 관

계세요?

호구별상장군 : 예 아버지입니다.

선 생 : 호구별상장군님은 돌아가신지 얼마 되지

선 생 : 호구별상장군님은 귀신하고 대화를 하시기

제 자 : 사극에서 보던 포도대장 모습을 보여주시는데요.

선 생 : 호구별상장군님한테 일을 나가실 때는 갑옷을 입고 나가시지만 법당에 계실 때는 어떤 복장을 하고 계시는지 모습을 보여 달라고 해봐.

호구별상장군 : 예 선생님 덕분입니다. 고맙습니다.

도 않았는데 신령으로 제자한테 오시니까 좋으시지요?

때문에 법당에 계실 때는 사또의 모습을 하고 앞에 내림굿에서 설명한 것과 같이 손님이 올 때 따라 들어오는 귀신을 문죄하여 해당되지 않는 귀신은 건립에 계신 천하장군한테 명하여 쳐낸다. 또 제자가 일을 나갔을 때 선생이 천지팔양경을 하면 호구별상장군님이 제가집 사람들의 몸을 수색하여 감겨있는 귀신을 끌어내어 제자 몸으로 접신하여 귀신이 하는 말과 행동을 그대로 대변한 다음 쳐낸다.

선생 : 호구별상장군님한테 선생님이 설명한 것이

맞느냐고 여쭈어 봐.

제자 : 호구별상장군님이 맞다고 하십니다.

제자 아버지의 명패 호구별상장군을 찾아

드렸다.

(6)천하장군

선생 : 말 세 마리 중에 흰말은 아버지가 타시고 검

정말과 갈색말 두 마리가 있는데 두 마리 중

한 마리를 누가 타실런지 빨리 오시라고 해.

제자 : 오셨습니다.

선생 : 누가 오셨어?

제자 : 수염이 시커멓게 난 젊은 분인데 누구신지는 잘 모르겠습니다.

선생 : 그러면 오신 분한테 누구시냐고 여쭈어 봐.

제자 : 말씀을 안하십니다.

선생 : 그러면 호구별상장군님한테 여기 오신 분이 누구시냐고 여쭈어 봐.

제자 : 호구별상장군님도 말씀 안하시는데요.

선생 : 그러면 호구별상 용궁마마부인 할머니한테

266

여기 오신분이 누구시냐고 여쭈어 봐.

제자 : 저의 할아버지라고 하시는데요.

선생 : 제자 할아버지시면 2대 할아버지도 계시고 3대 할아버지도 계시는데 몇 대 할아버지냐고 여쭈어 봐.

제자 : 저의 2대 할아버지라고 하시는데요.

선생 : 그러면 오신 분한테 저의 2대 할아버지가 맞느냐고 직접 여쭈어 봐.

제자 : 저의 2대 할아버지가 맞다고 고개를 끄덕이시는데요.

선생 : 그러면 저의 2대 할아버지가 맞다면 살아

있는 할아버지 자손을 보여 달라고 해봐.

제자 : 저의 작은아버지를 보여주시는데요.

선생 : 지금 보여주신 분은 저의 작은아버지인데

할아버지와는 어떤 관계시냐고 여쭈어 봐.

제자 : 할아버지 아들이라고 하시는데요.

선생 : 제자 작은아버지가 할아버지 아들이면 제

자 2대 할아버지가 맞네.

제자 : 예 맞습니다.

선생 : 방울부채 들고 일어서서 저의 2대 할아버

268

지가 맞으시면 저한테 오셔서 춤을 추워

보시라고 해.

(할아버지가 맞다고 제자 몸으로 들어가셔

서 춤을 추셨다.)

선생 : 제자 2대 할아버지 오셨어요?

제자 할아버지 : 예

선생 : 할아버지한테 복장을 갖추시고 말을 타시

라고 해.

제 자 : 할아버지도 갑옷을 입고 긴 창을 들고 말을

타셨습니다.

269

선생 : 어떤 말을 타셨어?

제자 : 검정말을 타셨습니다.

선생 : 남은 갈색말은 갔어?

제자 : 예 갔습니다.

선생 : 할아버지도 갑옷을 입고 말을 타셨으니까 장군인데 할아버지한테 무슨 장군이냐고 여쭈어 봐.

제자 : 할아버지가 말씀은 안하시고 위를 쳐다보시다 아래를 쳐다보시다 하시는데요.

선생 : 천하장군이라고 일러주시나 보다. 할아버

지한테 천하장군이 할아버지 명패가 맞으시
면 춤을 추워보시라고 해.

(맞다고 춤을 추셨다.)

선생 : 천하장군님 오셨어요?

천하장군 : 예

선생 : 천하장군님은 인간사 제자와 어떤 관계
세요?

천하장군 : 예 2대 할아버지입니다.

선생 : 천하장군님한테 집에 가시면 어디 계실 것
이냐고 여쭈어 봐.

제자 : 밖에서 법당을 지키신다는데요.

선생 : 맞아. 천하장군님은 건립에 계시면서 법당을 지키면서 법당 안에 계신 호구별상장군의 명령에 복종한다. 또 제자가 일을 갔다 온다든지 기도 갔다 온다든지 건립에서 오방기를 들고서서 천하장군님한테 제자 몸에 묻어 들고 따라들은 것이 있으면 쳐주십시오 하면 제자 몸에 계신 천하장군님이나 오셔서 춤을 추며 오방기로 제자 몸을 털어 주신다. 뿐만 아니라 제자가 받는 가벼운

선 생 : 천하장군님한테 선생님이 설명한 것이 맞

느냐고 여쭈어 봐.

제 자 : 천하장군님이 맞다고 하십니다.

이제자는 젊어서 가신 동기일신이나 큰아버지, 삼

촌이 계시기 않아 신령은 공석이 없기 때문에 2대

할아버지가 1인 3역을 하시기 때문에 2대 할아버

지의 명패 천하장군을 찾아드렸다.

선 생 : 천하장군님한테 선생님이 설명한 것이 맞

지귀는 다 쳐주신다.

(7) 일월선관도사

선생 : 산신할아버지 계시던 동굴 위로 산꼭대기
　　　까지 올라가 봐.

제자 : 산꼭대기까지 올라왔습니다.

선생 : 산꼭대기기에 누가 계신가 잘 찾아봐.

제자 : 아무도 안계시는데요.

선생 : 그러면 제자 머리 위로 하늘을 쳐다봐.

제자 : 제 머리 위로 구름이 한 조각 있는데 사람
　　　이 타고 있습니다.

선생 : 그러면 구름한테 밑으로 내려오라고 해봐.

274

제자 : 구름이 밑으로 내려왔는데 구부러진 지팡
　　　이를 드신 할아버지가 계시는데요.

선생 : 그러면 할아버지한테 누구시냐고 여쭈어 봐.

제자 : 할아버지가 말씀 안하시는데요.

선생 : 그러면 호구별상 용궁마마부인 할머니한테
　　　여기 계신 할아버지가 누구시냐고 여쭈어 봐.

제자 : 호구별상 용궁마마부인 할머니하고
　　　저의 3대 할아버지라고 하시는데요.

선생 : 그러면 호구별상 용궁마마부인 할머니하고
　　　는 무슨 관계 시냐고 여쭈어 봐.

제자 : 호구별상 용궁마마부인 할머니하고 여기

선생 : 계신 할아버지 하고 부부라고 하시는데요. 그러면 틀림없이 제자 3대 할아버지가 맞지?

제자 : 예 저의 3대 할아버지가 맞습니다.

선생 : 방울부채 들고 일어서서 할아버지 저한테 오셔서 춤을 추워보시라고 해. (제자 3대 할아버지가 제자 몸으로 들어가셔서 춤을 추셨다.)

선생 : 제자 3대 할아버지 오셨어요?

3대 할아버지 : 예

276

선생 : 지금 할아버지 모습은 어떤 모습이야?

제자 : 하얀 도포를 입으시고 한 손에는 구부러진 지팡이를 잡으셨는데 옆구리에 동그란 것 이 매달려 있습니다.

선생 : 할아버지한테 옆구리에 차신 동그란 것이 무엇이냐고 여쭈어 봐.

제자 : 좌양을 보는 나침반이라고 하시는데요.

선생 : 그러면 할아버지는 무슨 명패를 받으셨느 냐고 여쭈어 봐.

제자 : 할아버지가 말씀 안하시는데요.

선생 : 그러면 무엇을 보여주시기라도 하라고 해봐.

제자 : 할아버지가 해를 보여주시는데요.

선생 : 또 보여달라고 해봐.

제자 : 이번에는 달을 보여 주시는데요.

선생 : 해와 달 일월 그러면 일월선관도사가 할아버지명패가 맞으시면 춤을 추워보시라고 해. (할아버지가 맞다고 춤을 추셨다.)

선생 : 일월선관도사님 오셨어요?

일월선관도사 : 예

선 생 : 일월선관도사님은 인간사 제자와 어떤 관계요?

일월선관도사 : 예 3대 할아버지입니다.

선 생 : 일월선관도사님 이제 명패를 찾으셨으니 소원 푸셨죠?

일월선관도사 : 예 선생님 고맙습니다.

선 생 : 일월선관도사님 제자 열심히 공부시켜 똑똑한 제자로 키워 이름내주세요.

일월선관도사 : 예 선생님 너무 염려 마십시오.

선 생 : 제자는 백두산 중국 가봤어?

제　자 : 못 가봤습니다.

선　생 : 그러면 오늘 선생이 백두산 중국 황산을 구
　　　　경시켜 줄게.

선　생 : 일월선관도사님

일월선관도사 : 예

선　생 : 제자를 구름에 태우고 중국 황산을 구경시
　　　　켜주시고 오시는 길에 백두산을 들려서 오
　　　　세요.

선　생 : 중국 황산에 갔어?

제　자 : 구름 위에서 보니까 관광객은 많은데 작게

280

선 생 : 아직도 중국 황산에 있어?

보입니다.

제 자 : 선생님 백두산 천지에 내려주시는데요. 너무 춥습니다.

선 생 : 일월선관도사 이제 돌아오세요.

제자가 실제 기온을 몸으로 느껴 입술이 파랗게 변하고 추워서 떨었다. 이와 같이 신의 세계는 너무 신기한 일들이 많다. 제자 3대 할아버지 명패 일월선관도사를 찾아 드렸다.

(8) 별상선녀

이 제자는 동자로 들어 올 애기는 없고 선녀만 있다.

선생 : 폭포로 가봐.

(제자가 가보았던 조상님들의 기도터는 언제든지 갈 수 있다.)

제자 : 선생님 폭포에 왔습니다.

선생 : 호구별상 용궁마마부인 할머니 계셔?

제자 : 예 계십니다.

선생 : 호구별상 용궁마마부인 할머니 옆에 애기

282

제자 : 할머니 옆에 여자애기가 있습니다.

선생 : 남자애기는 없어?

제자 : 예 남자애기는 없습니다.

선생 : 그러면 여자애기한테 네 엄마가 누구냐고 보여 달라고 해봐.

제자 : 저의 어머니를 보여주는데요.

선생 : 호구별상 용궁마마부인 할머니한테 저의 어머니 보고 애기가 엄마라고 하는데 맞느냐고 여쭈어 봐.

들이 있나봐.

제자 : 할머니가 맞다고 하시는데요.

선생 : 그러면 호구별상장군님한테 여기 있는 애
기가 제 동기 일신이 맞느냐고 여쭈어 봐.

제자 : 제 누나라고 하시는데요.

선생 : 그러면 애기한테 우리 누나가 맞느냐고 물
어봐.

제자 : 누나가 맞다고 하는데요.

선생 : 방울부채 들고 일어서서 애기보고 동생한
테 와서 춤을 추워보라고 해.

(애기가 동생 몸으로 들어가서 애기춤을 추

선생: 지금 애기는 어떤 옷을 입고 있어?

제자: 색동옷을 입었습니다.

선생: 그러면 애기한테 무슨 명패를 받았느냐고 물어봐.

제자: 애기가 별을 보여주는데요.

선생: 그러면 애기한테 별상선녀 명패가 맞으면 춤을 추워보라고 해.

(애기가 맞다고 애기춤을 추워가며 좋아 했다.)

(애기가 지금 춤을 추고 있었다.)

선　생 : 별상선녀 왔어?

별상선녀 : 예

선　생 : 별상선녀는 인간사 제자와 어떤 관계야?

별상선녀 : 누나예요.

선　생 : 선녀야 인간사는 누나지만 신령과 제자이기 때문에 이제는 아빠라고 해야 돼.

별상선녀 : 예 할아버지 고맙습니다.

별상동자나 별상선녀, 용궁동자나 용궁선녀를 찾는 방법은 똑같다. 별상동자나 별상선녀는 색동옷을 입고 용궁동자나 용궁선녀는 감색으로 된 단색

옷을 입었다. 별상동자와 별상선녀, 용궁동자와 용궁선녀는 대신할머니가 데리고 있다. 산신동자는 동굴에 계신 산신할아버지가 데리고 있는데 많은 무속인들 내림굿을 해 보았지만 아직까지 산신할아버지가 데리고 오는 산신동자는 보지 못했다. 신내림굿 하는 과정을 선생과 제자가 간단하게 썼지만 신 받는 제자가 직접 찾아 다니며 조상신령님들을 만나기까지는 많은 어려움이 있었다. 때문에 빠른 사람은 2박3일 늦는 사람은 3박4일도 한다. 제자는 누구를 막론하고 이러한 과정을 거쳐 신을 받아야 저승세계 현실을 보고 다스릴 수 있으며 시댁, 친정, 온가족들이 신의 풍파를 겪지 않고 편안히 살 수 있다. 제자는 한집안에 한 사람 밖에 나오지 않는다. 앞에서 보는 내림굿과 같이 신을 받으면 신령님들이 명패 차고 제자 몸으로 들어오셔서 움직이지 않기 때문에 시댁, 친정, 형제, 사촌 육촌까지는 제자를 하고 싶어도 할 수 없다.

● 천존

이러한 과정을 거쳐 신령의 명패 차고 제자 몸으로 들어오신 신령님들이 제자를 삼았다고 제자의 생년월일과 제자의 이름을 써서 걸어놓고 천지신명 옥황상제님께 고하는 과정이다. 제자는 천지신명께 절을 하고 방울부채를 들고 서서 선생이 제자축원을 하면 제자 몸에 계신 신령님이 경문을 들고 강을 내리며 춤을 추신다. 선생이 누구시냐고 여쭈어보면 신령의 명패를 말씀하신다.

(예) 선생 : 누구세요?

선 생 : 예 천하장군입니다.

선 생 : 천하장군님은 인간사 제자와 어떤 관계세요?

천하장군 : 예 삼촌입니다.

이와 같은 절차로 제자 몸에 계신 신령님들이 다 나오셔서 춤을 추시며 말씀하시고 선녀와 동자까지 나와서 춤을 추고 말을 하면 제자는 고를 풀고 향물로 발을 씻고 물동이에 올라가서 방울부채를 들고 서 있으면 선생의 고장소리에 제자 몸에 계신 신령님이 강을 내리며 춤을 추시는데 제자는 발은

290

뛰지말고 강으로만 받는다, 절차는 앞에서와 동일하게 선녀와 동자까지 나와서 말을 하면 내려와서 버선을 신고 천지신명께 절을 하고 내림굿을 마친다. 장군님들은 자기 힘을 과시하기 위하여 작두를 타고 싶어 한다. 그러나 굿할 때 작두 타는 것은 보여주는 것 뿐이지 제가집과는 아무런 관계가 없기 때문에 작두 타는 것은 그다지 중요하지 않다.

● 무속인들의 법당

무속인들의 법당은 앞의 내림굿에서 보았듯이 신

291

령의 명패를 차고 제자 몸으로 들어오신 신령님들을 좌정시켜드리는 신선한 법당이다. 때문에 무속인들의 법당에는 부처님을 모시면 안 된다. 법당에 부처님을 모시면 신령님들은 싫어하신다. 부처님은 우리 마음속에 있고 불상은 형상일 뿐이다. 또 법당에 부처님을 모시면 사불이 된다. 다시 말하면 잡신들의 놀이터가 되기 때문에 무속인들이 큰 어려움을 겪는 것이다.

그런 줄도 모르고 무속인들이 부처님을 모셨더니 부처님한테 눌려 몸이 아프다고 한다. 또한 부처님은 하는 역할이 없기 때문에 우리 무속인들과는 아무런 관계가 없다. 대부분 무속인들이 애동제자는 종합탱화나 불상을 모시면 제자가 눌린다고 쪽탱화나 글문으로 법당을 차리는 무속인들도 있다. 그것은 아니다. 신령님이나 조상님들도 종합탱화나 불상을 모시면 신을 제대로 받지 않은 무속인들도 조상님들이 신령으로 오시는 모습이기 때문에 더 좋아하신다. 때문에 애동제자라고 해도 종합탱화나 불상을 모셨다고 어려움을 겪는 일은 없다. 법당에 물상을 모실 때는 일선(굿)에 직접 나가셔

293

서 일하시는 신령님, 대신할머니, 산신할아버지, 별상장군님만 모셔도 된다. 제자 친정조상님이시다. 시댁조상신령님들이 알을 맡아 주시면 친정조상신령님들은 직접 나가서 일(굿)을 하신다.

◉ 신령님 모시는 법당

법당 단상의 크기. 상단높이 90cm 하단높이 70cm상단넓이 60cm하단넓이 70cm정도면 보기좋은 법당을 모실 수가 있는데 천장 높이가 낮으면 조금 낮춰도 된다. 후불 종합 탱화나 쪽탱화

중간에 불사단지 가운데 산신할아버지 좌측에 대
신할머니 좌우로 선녀동자, 우측에 호구별상장군
산신할아버지 호구별상장군 사이에 대감상자 우측
끝에 신장을 말아 쌀불기에 모시고 신장 칼을 양쪽
으로 꽂는다. 신장엎에 동자대는 놓으면 안 된다.
동자대는 없을뿐더러 선녀동자는 신장 보는 자체
를 무서워한다. 각불상 뒤에 대신할머니 연꽂 불
사꽂 산신꽂 장군무궁화꽂을 놓는다. 건립은 법당
출입문 옆에 하고 천하장군탱화를 모신다. 옥수잔 3
촛대 3 향로 건립에 옥수잔 1 촛대 1 향로 오방기

● 법당 점안식

법당 점안식은 신령의 명패 차고 제자 몸으로 오

신 신령님들을 법당에 좌정시켜 드리는 과정이다.

제자 몸으로 오신 신령님들은 스스로 자리를 찾아

좌정하신다. 때문에 경문을 하여 집안에 눌러있었던

잡신들을 깨끗하게 쳐내야 한다.

법당에 천체 지냈던 제물을 올리고

경문 :: 육계주, 부정경, 천수경, 신령축원을 하고

　　　신 받은 제자, 호구별상장군님, 천하장군님

　　　집안 구석구석 살피시고 숨어있는 잡신들

296

을 모두 쳐내십시오. 하고 천지팔양경을 하면 제자 몸에 계신 장군님들이 경문을 듣고 힘을 내어 집안 구석구석 다니시며 숨어있는 집신들을 잡아낸다. 신 받은 제자는 장군님들이 활약하시는 모습을 볼 수 있다. 제자는 쾌자를 입혀 방울부채 들고 일어서서 선생이 제자축원을 하면 제자 몸에 계신 신령님이 나오셔서 춤을 추신다.

내림굿 할 때와 같이

선생 : 누구세요?

천하장군 : 예 천하장군입니다.

선생 : 천하장군님은 인간사 제자와 어떤 관계
　　　세요?

천하장군 : 예 삼촌입니다.

이와 같이 신령님들이 다 오시고 선녀
와 동자까지 나오면 끝을 낸다. 이것은
제자를 놀리는 과정인데 제자가 어느 정
도 클 때까지 제자를 추들여 제자의 신
령님들 명패를 꼭 확인해야한다. 선생의
임무다.

298

주의사항 신을 받았다고 바로 손님을 보려고 해서는 안 된다. 욕심은 금물이다. 이제 학교에 입학한 학생이 공부도 하지 않고 무엇을 알아서 점을 볼 수 있겠는가? 신령님들은 천상에서 도를 많이 닦았지만 신령의 명패 차고 제자 몸으로 들어오셔서 인간 세상에 내려오시면 신령으로서 활약할 수 있는 힘이 없다. 때문에 도를 많이 닦은 조상님이나 도를 적게 닦은 조상님이나 힘이 없는 것은 마찬가지다. 신령님들은 인간 세상에 내려오시면 산왕대신용왕대신의 원력을 받아야 신령으로 활약할 수 있는 힘이 있기 때문에 제자가 산신기도, 용궁기도 가면 제자 몸에 계신 신령님들이 제자 몸을 이용하여 교대로 나오셔서 기도하셔 원력을 받아 제자를 공부시켜 제자가 어느 정도 공부가 되었을 때 대신 할머니가 이제 손님을 보자고 하시면 손님을 볼 수 있다. 여기까지는 선생이 데리고 다니며 돌봐주어야 한다. 처음이 중요하다. 법당에서 치성을 드린다고 남의 조상을 불러드려서는 안 된다. 남의 조상님들도 법당에 들어오면 가지 않고 눌러있는 조상님들도 있다. 그러면 제자가 감당하기 어렵다.

때로는 법당에 들어가기도 싫고 기도하려고 앉아 있으면 졸음이 오고 답답하다. 이런 때는 빨리 선생한테 연락하여 쳐내야 한다.

◉ 제자축원

제자축원은 어디서든지 제자를 추들여 놀릴 때 사용한다. 신령의 명패를 차고 제자 몸으로 들어오신 신령님들은 경문을 듣고 강을 내리며 춤을 추신다. 그러나 신령님들은 말씀이 없고 선생이 여쭈어 보는 말에만 답변을 하신다. 때문에 선생은 신령님이 오셔서 춤을 추시면 신령의 명패와 인간사 제자와의 관계를 여쭈어 확인한다. 혹시라도 잡신이 들어와 있는지 확인하는 것이다. 제자가 어느 정도 클 때까지는 법당 점안식 할 때 기도를 마치고 회향할 때 꼭 확인하고 제자를 앉혀놓고 천지팔양경을 하여 제자 몸을 깨끗이 하여 회향한다.

⦿ 축원

상청상경 천존대왕 옥청성주 옥황상제 태청성경 태상노군 구천응원 뇌성보화 천존님 일체 내림을

302

하시고 나무일심봉청 태성옥돈 칠원성군 금륜보계
칠성광여래불 좌보처 칠원성군 우보처양래보살 일
곱칠성 여래제불이 백단포로 줄을 걸고 왼갖구름
서기모아 쌍무지개 잡아타고 원차강림을 하옵시고
나무일심봉청 천하명산의 산왕대신 명산대천 산왕
대신 팔도명산 산왕대신 오악명산의 산왕대신 나
무만덕고성 성계한적 산왕대신 나무차산국내 항주
대성 산왕대신 나무시방법계 지령지성의 산왕대신
일체내림을 하실 적에 승암절벽 반벽상 천년 모습
그리고 머리에는 윤관이요 허리에 홍포로다. 백색

풍진 휘날리며 좌수에 구절죽장 우수에 불사약 채

약동자 앞세우고 천금대호를 잡아타고 원차강림을

하시든 천하명산의 산왕대신.

◉ 신령축원

신령축원은 제자들이 머릿속에 외워두어야 한다.

법당기도 할 때 먼저 신령축원을 하고 산왕대신 전

근 수양자를 빌어줄 때는 북두대성 칠원성군 전근

을 하면 제자 몸에 계신 불사대신 할머니가 칠성님

전에 빌어주신다.

304

상청상경 천존대왕 옥황상제 태청성경
태상노군 구천응원 뇌성보화 천존대왕 북두대성
칠원성군 팔도명산 산왕대신 사해수부 용왕대신
팔만사천 제대신장 소거백마대신장 하위동심을 하
옵시고, 천문도사 지리도사 말문도사 글문도사 약
사 도사 산신도사 일월선관도사 하위동심을 하옵시
고, 천궁불사 칠성불사 제석불사 산신불사 용궁불
사 일광불사 월광불사 하위동심을 하옵시고, 천상
옥경 천존대감 일곱칠성 칠성대감 오악명산 산신
대감 산신불사 글문대감 팔만사천 조왕대감 삼만

육천 성조대감 오방내외 지신대감 수문대감 건립

대감 하위동심을 하옵시고, 천하장군 지하장군 각

국나라 열두장군 우뢰주뢰 벼락장군 호구별상장

군 소거백마대장군 하위동심을 하옵시고, 천하대

신 지하대신 각국나라 열두대신 말문대신 글문대

신 우뢰주뢰 벼락대신 호구별상마마부인 호구별상

마마대신 호구별상용궁마마부인 호구별상용궁마

마대신 호구별상용궁마마선녀부인 호구별상용궁

마마선녀대신 매화부인 하위동심을 하옵시고, 천

상동자 칠성동자 호구별상동자 산신동자 용궁동자

천상선녀 칠성선녀 호구별상선녀 하위동
심을 하옵시고,' 모생 모씨 제자 앉은자리 명기주고
선자리에서 서기주고 뼈골마다 정기주고 입으로는
말문화답 지리통달 시키시어 동서남북 이름나게
도우소서。

● 법당기도

제자들의 법당기도는 남을 위해서 빌어주는 것이
제자들의 기도이다。 제자를 찾아와 점을 보고 일
(굿)을 하면 제자는 제가집을 책임지고 밝혀주어

야 한다. 제자 몸에 계신 신령님들이 점을 봐주시
고 일을 맡아 굿을 했기 때문에 제자가 법당에서
제가집을 위해 기도하면 신령님들의 원력으로 제
가집을 밝혀 주신다. 그래야 제자도 이름이 난다.
법당에 합장하고 앉아서 할아버지, 할머니 대한
민국 모시 모동 ○○아파트 모동 ○○호 거주하고
있는 기해생 김씨대주 신축생 이씨기주 장남 신
유생 김상덕 차남 을축생 김상일 김씨대주 마음
먹은 일 뜻대로 이루게 해주시고 자손들도 하는
일 잘 되도록 신령님의 원력으로 도와주세요.

308

하고 방울 들고 징을 치며 산왕대신 전근을 하면 신령님들이 김씨 가정을 둘러보시고 나쁜 것은 하지 못하도록 제자한테 일러주신다. 그러면 바로 제가집에 연락하여 신령님들이 보여주고 하신 말씀을 전하여 미리 막아준다. 이와 같이 남의 가정을 밝혀주는 것이 제자들의 임무이다. 그래야 제자를 믿고 따르는 신도가 된다. 법당기도는 제자가 공부는 되지 않는다. 제자는 공부를 하려면 산신기도 용궁기도를 해야 한다. 제자가 오랫동안 산신기도 용궁기도를 하지 않으면 신령님들이 스스로 기도를 떠나신다.

사례 2009년 광주에 있는 제자가 선생님 법당에 들어가니까 허전하고 법당이 텅 빈 것 같아요. 그러니까 기도가라고 했잖아? 제자가 기도를 가지 않으니까 신령님들이 기도를 떠나셨으니까 법당에 신령님들이 계시지 않으니까 허전하고 쓸쓸하지. 선생님 그러면 어떻게 해야 하나요? 법당에서 눈 감고 앉아서 신령님들이 어디서 기도하시는가 잘 봐. 조금 있으니까 제자가 선생님 신령님들이 감포 문무대왕

310

앞에서 기도하고 계세요. 그러면 어떻게 해야죠? 제자가 감포문무대왕 앞에 가서 용궁기도 하고 모셔와야지. 바로 제자가 감포문무대왕 앞에 가서 3박4일 기도하고 모셔왔다고 했다. 신령님들도 용왕대신의 원력을 받아 손님을 보시려고 기도를 떠나신 것이다. 때문에 한 달에 한 번은 허공기도를 해야 한다.

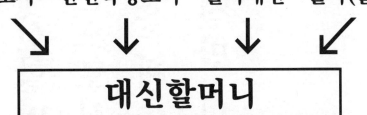

법당에 옥수잔 3, 촛대 3, 향로
건립에 옥수잔 1, 촛대1, 향로

신령님이 하시는 역할

점보시는 신령님

일월선관도사　　산신약명도사　　불사대신　　불사(글문)대감

대신할머니

손님이 와서 문제를 주면 위 신령님 중에 문제에 해당되는 신령님이 문제를 풀어 점상에 앉아 계신 대변인(대신할머니)한테 내려주시면 대신할머니가 받아서 손님한테 말씀해 주신다. 어른으로서 말씀하시기 민망한 말은 선녀, 동자한테 말을 해주게 한다. 호구별상장군과 천하장군은 귀신만 다룬다.

◉ 성 황

성황은 저승의 지옥이다. 성황은 제자가 공부하

는 곳이 아니기 때문에 목적이 있을 때만 기도한

다. 제자가 일(굿)을 하고 제가집에 젊어서 청춘에

간 사람이 성황에 묶였을 때 고통 받는 사람을 풀

어주기 위하여 신령님들이 성황대신께 기도하시기

때문에 신령님들의 원력도 소모된다. 그래서 성황

기도는 힘들다. 신령의 명패 차고 제자 몸으로 들

어오신 신령님들도 그 동안 제자를 삼지 못하고 떠

돌아 다닌 죄로 옥황상제로부터 벌을 받아 신령의

명패 차고 제자 몸으로 들어오셨다 하더라도 신령

으로 활약할 수 있는 힘이 없기 때문에 내림굿이

끝나면 바로 성황에 들어가 신령으로 오신 조상님
들을 성황을 풀어드려야 성황대신한테 죄를 사면
받아 산왕대신 용왕대신께 기도하시어 원력을 받
아 신령으로 활약하신다.

사람은 이 세상에 살다가 저 세상에 가면 천상과
극락 또는 지옥으로 떨어진다. 천지신명께 공을
들인 사람은 천상으로 올라가 도를 닦는다. 그래
서 무속인들이 나오는 것이다. 착한 마음으로 좋
은 일을 많이 한 사람은 극락으로 악한 마음으로
나쁜 짓을 많이 한 사람과 20·30·40대에 자

살한 사람, 사고로 죽은 사람, 병으로 죽은 사람은 지옥에 떨어져 갖은 벌을 받는다. 지옥에서 벌 받는 모습은 신 받을 때 제자가 저승세계 현실을 보기 때문에 제자의 조상님들은 이승에서 보는 조상님과 같기 때문에 사람으로 표현을 했다. 제자들의 조상님들이 지옥에서 벌 받는 모습이다. 쇠사슬로 손과 발이 묶인 채 빛이 없는 깜깜한 돌감옥 즉 암흑지옥에 갇혀있는 사람, 구렁이 허물 뱀 허물을 쓰고 빛이 없는 깜깜한 돌감옥 암흑지옥에 간혀있는 사람, 연못 한가운데 있는 큰 나무 꼭대기에 거꾸로 매달려 있는 사람, 발끝에서 목까지 뱀으로 감겨 나무에 묶여있는 사람, 오랏줄로 묶인 채 나무 밑에 무릎 꿇고 앉아 있는 사람, 큰 나무에 오랏줄로 묶여 있는 사람, 밤이나 낮이나 나무 밑에서 칼로 나무를 깎고 있는 사람, 옷을 벗겨 삐죽한 자갈 위에 누워 있는 사람, 내림굿을 할 때 신 받는 제자들의 벌 받는 모습은 여기까지지만 이 외에도 벌 받는 사람은 많을 것이다. 이와 같이 지옥에서 고통 받는 사람들을 누가 구제해 줄 것인가? 제자 인간의 힘과 제자 조상님의 힘으로는 구제할 수가 없기 때문에 제자 조상님들한테 신령의 명패를 주어 인간 세상에 보낸 것이다. 앞에서 보았던 내림굿과 같은 과정을 거쳐 신령의 명패 차고 제자 몸으로 들어오신 신령님들이 제자 몸을 이용하여 성황대신께 기도하시어 저승의 지옥에서 고통 받는 사람들을 구제하신다. 이것이 구제 중생이다.

◉ 성황 푸는 법

성황대신은 천지신명이다. 인간과 조상님은 통신

이 되지 않기 때문에 신을 제대로 받지 않은 무속

인들이 아무리 기도를 많이 해도 저승의 지옥 성

황에 묶여있는 사람을 풀어주지 못한다. 조상님의

힘으로 성황에 묶여있는 사람을 풀어줄 수 있다면

옥황상제께서 무속인들 조상님들한테 신령의 명패

도 주지 않았을 것이다. 사람은 사람끼리 통하고

죽은 사람은 죽은 사람끼리 통하고 신은 신끼리만

통한다. 때문에 옥황상제께서 무속인 조상님들한

테 신령의 명패를 주어 인간 세상에 내려가서 자손

을 제자 삼아 구제중생 하시라고 내려 보내신 것이

다。구제중생이란 저승의지옥 성황에 묶여있는 사람을 구제하는 것이다。살아있는 사람을 구제하려면 먼저 저승에 있는 사람을 구제해야 한다。때문에 저승의지옥 성황에 묶여있는 사람을 구제할수 있는 사람은 신을 제대로 받은 제자만이 성황에 묶여있는 사람을 구제할 수가 있다。신령의 명패 차고 제자 몸으로 들어오신 신령님들이 제자 몸을 빌려 성황대신께 기도하시면 성황대신이 풀어 주신다。성황에 묶여있는 사람 옷 한 벌 할아버지 할머니 옷 한 벌씩 제물을 준비하여 성황대신 상과 조상 상을 차려놓고 앉아서 성황대신님 제가집주소 대한민국 모도 모시 모동 로얄 A 101동 202호에 거주하는 모씨가 중 성황에 묶여있는 영가를 풀어주시십시오. 이와 같이 고하고 한손에 방울 들고 징을 치며 성황대신을 찾으면 제자 몸에 계신 남자 신령님들이 고대로 나오셔서 기도를 하시는데 빠르면 2박3일 늦으면 3박4일 기도하시면 성황대신이 풀어주신다. 제자는 성황에서 풀려나와 할아버지 할머니 손잡고 가는 모습까지 보아야 성황기도가 끝난다. 성황기도는 제자 공부하는 곳이 아니기 때문에 신령님들도 힘들고 제자도 힘든다. 신령님이 보시는 저승에 계신분들은 사람과 같기 때문에 사람으로 표현을 했다.

● 기도

앞서 보았던 신내림굿은 제자가 학교에 정식으로 입학하는 과정이고 신령의 명패를 차고 제자 몸으로 들어오신 신령님들은 제자를 가르치는 선생님이시다. 산신과 용궁은 제자가 공부하는 학교이기 때문에 산신기도 용궁기도는 제자가 학교에 가서 공부하는 과정이다. 제자는 몸만 빌려 주었을 뿐 기도는 제자 몸에 계신 신령님들이 고대로 나오셔서 기도하시어 산왕대신 용왕대신의 원력을 받아 제자를 공부시킨다. 때문에 제자가 공부(기도)하는 만큼 초·중·고·대학에 다니듯이 똑똑한 제자로 성장하여 저승의 현실을 볼 수 있고, 남의 몸에 감겨있는 귀신도 끌어내어 제자 몸에 접신하여 귀신이 하는 말과 행동을 그대로 대변하고 쳐내는 똑똑한 제자가 될 수 있다. 산왕대신 용왕대신은 천지신명이다. 인간과는 통신이 되지 않고 조상님과

도 통신이 되지 않기 때문에 제자 조상님들한테 신령의 명패를 주신 것이다. 그러나 무속인들은 학교에 입학도 하지 않고 공부한다고 학교에 간들 가르쳐 줄 선생이 없으니 누구한테 무엇을 배울 것인가? 학교만 왔다 갔다 하다 보니 10년, 20년 세월만 갔을 뿐 배운 것이 없어 아는 것이 없다. 신을 제대로 받지 않고서는 어느 누구도 신의 세계를 헤쳐 나갈 길이 없다. 그러나 현재 무속인들은 기도해서 무엇을 받으려고 오랫동안 장기 기도를 하는 사람들이 많다. 신을 받지 않고 기도만 해

323

서는 얻는 것은 아무 것도 없다. 산에 다니며 오랫
동안 기도를 많이 한 사람들을 보면 몸에 접신들만
감겨 지배하기 때문에 자기 인생은 없다. 안타까
운 일이다. 장기기도는 본인들을 해친다. 피하는
것이 좋다. 특히 산에 있는 동굴 안에는 잡신들이
모여 있기 때문에 동굴에서는 기도하지 않는 것
이 좋다. 제자는 기도를 하려면 천신신명께 예를
갖추어야 한다. 산왕대신 용왕대신께 올리는 제물
은 주과포 백미는 기본이다. 신을 제대로 받은 제
자는 제자 몸에 계신 신령님들이 기도를 하시기 때

문에 신령님들이 산왕대신 용왕대 신께 예를 갖추고 기도를 하시도록 제자가 제물을 차려 드려야 신령님들이 떳떳하게 기도를 하실 수 있다. 신을 제대로 받지 않은 제자들의 조상님들도 제자가 신령의 명패를 찾아드리지 않아 조상으로 왕래를 하시지만 얼마나 제자한테 오셔서 기도를 하시고 싶겠는가? 제자 조상님들이 산왕대신 용왕대신한테 예를 갖추고 기도하실 수 있도록 제자가 제물을 차려드려야 한다. 또 조상님들이 제자한테 오셔서 기도하실 수 있도록 기회를 드려야 한다. 그러나 기도하실 수 있도록 기회를 드려야 한다.

325

조상님들이 제자한테 오셔서 기도를 하신다고 해도 제자 공부는 시키지 못하신다.

사례 2011년 파주 무속인(여)5년 신내림연구원을 찾아와 내림굿을 하고 선생님 기도터에 가서 기도하며 공부를 하겠다고 기도터를 찾아왔다. 기도한다는 제자가 소주만 한 병 들고 왔다. 기도한다는 제자가 어떻게 소주 한 병 가지고 와서 기도한다고 하느냐고 나무랬더니 제자가 다른 사람들도 다 그래요 하며 소주 한 병 들고 용궁기도를 한다고 나갔다. 조금 있더니 제자가 웃으면서 선생님 이것 좀 보세요 해서 나가 보았더니 소주병이 물에 둥둥 떠 있어 왜 그러느냐고 물었더니 소주병을 따 놓고 물을 떠서 잔에 따르려고 돌아섰는데 소주병이 없어 뒤돌아보니 물에 떠 있길래 건지려고 했더니 산신약명도사님이 야 이놈아 소주 한 병 놓고 용왕대신님께 우리가 무슨 면목으로 기도하느냐고 화를 내시며 소주병을 버리셨다고 하셨다. 제자가 그제서야 깨닫고 다시 제물을 준비하여 올리고 기도를 하였다. 이와 같이 신의 세계는 본인

327

이 체험해 보지 않으면 아무도 알 수 없다.

신 받은 제자 기도

주과포, 백미, 촛불 3, 물잔 3, 술잔 3, 막걸리 1병, 촛불 셋, 석잔은 물 천상과 산신 용궁 제자의 기본적인 상식이다. 제물을 차려 놓고 합장하고 앉아서 산왕대신님 대한민국 모시 모동 ○○ 아파트 모동 모호에 거주하는 모생 모씨 제자 산왕대신님께 기도 정성 드립니다. 산왕대신님 모씨 제자 조상님들 모든 업장을 벗겨주시고 신령님 전에는 원력을 주십시오. 신령님 전에는 가족들을 빌어준다.

할아버지, 할머니 제자 동기일신 마음먹은 일 뜻대로 이루어지도록 도와주시고 제자 자손들 흐린 정신 거두시고 맑은 정신으로 열심히 공부하여 훌륭한 사람이 되도록 잘 키워주십시오. 기도할 때 경문은 하지 않아도 된다. 그리고 호구별상장군님 천하장군님 제자 기도하는데 잡신들이 얼씬 못하도록 지켜주십시오 하면 장군님이 양쪽에서 지켜주신다. 한 손에 방울 들고 징을 치며 산왕대신을 찾으면 제자 몸에 계신 신령님들이 교대로 나오셔서 기도하시는데 제자는 어느 신령님이 나오셔서 기도하시는지 신령의 모습을 보기 때문에 알 수 있다. 마지막으로 선녀 동자가 나와서 기도하다가 끝낸다. 기도 시간은 처음에는 길면 1시간 정도하고 제자가 공부할수록 기도 시간은 짧아진다. 신령님들이 기도하시면 제자는 신의 세계의 신기한 모습들을 많이 보게 될 것이다. 산신기도는 남자 신령님들이 좋아하시고 용궁기도는 불사대신과 대신할머니 선녀 동자가 좋아한다. 때문에 산신기도도 중요하지만 대신할머니가 손님을 보기 때문에 용궁기도를 많이 해야 한다.

신을 제대로 받지 않은 제자도 기도를 하려면 기본

적인 제물을 올리고 기도를 해야 한다. 천지신명

께 예를 갖추지 않으면서 어떻게 천지신명을 받드

는 제자라고 할 수 있겠는가? 신의 세계를 모르니

까 제자 혼자 기도 다닌다고 생각하지만 제자 옆

에는 항상 조상님들이 같이 다닌다는 것을 알아야

한다. 때문에 조상님들이 천지신명님께 예를 갖추

도록 자손이 제물을 차려 드려야 한다. 제물을 차

려놓고 산왕대신님 대한민국 모도 모군 모읍 모리

에 거주하는 모생 모씨 제자 산왕대신님께 기도 정

성 드립니다. 산왕대신님 모씨 제자 조상님들 모든 업장을 소멸하시옵소서. 할아버지, 할머니 제가 잘못했습니다. 살려주세요. 할아버지, 할머니 신령의 명패를 찾아드리려고 해도 찾아주는 선생이 없어 찾아드리지 못했습니다. 신령의 명패를 찾아주는 선생을 찾으면 할아버지, 할머니 명패를 꼭 찾아드리겠습니다. 하고 한 손에 방울 들고 칭을 치며 산왕대신을 찾으면 어느 조상님이 오셔서 같이 기도 하신다. 그러나 조상님이기 때문에 제자 공부는 되지 않는다. 하지만 답답한 마음은 조금이나마 위로는 될 것이다. 제자는 참선기도는 안 된다. 또 징을 치며 책을 읽는 것도 기도가 아니다. 불사로 받았다고 책을 보며 요령을 흔들고 목탁 치는 것도 기도가 아니다. 제자는 방울을 흔들며 징을 쳐가며 기도를 해야 잡생각이 없어지고 조상님들은 좋아서 자손한테 오셔서 같이 기도를 하신다. 조상님들이 자손한테 오셔서 기도를 하실 수 있는 기회를 드리는 것이다.

◉ 선생의 임무

선생은 제자를 키우려면 자식을 키우는 마음으로 제자를 키워야 한다. 때문에 때로는 선생의 희생이 따른다. 선생은 희생정신이 없으면 제자를 키울 수가 없다. 선생은 제자한테 오신 신령의 명패 어느 조상님이 무슨 명패를 받고 오셨는지 정확하게 알고 있어야 한다. 내림굿이 끝나면 법당 점안 식하고 바로 제자를 데리고 성황에 들어가 제자한 테 오신 신령님들 성황을 풀어드리고 산신기도 용 궁기도를 시켜 제자 신령님들이 산왕대신 용왕대

334

신의 원력을 받아 어느 정도 힘이 있고 제자도 어느 정도 공부가 되어 있을 때까지는 선생이 데리고 다녀야 한다. 제자를 기도시킬 때는 제자를 앉혀 놓고 천지팔양경을 하여 잡신들을 쳐내고 기도를 시켜야 한다. 기도가 끝나면 제자를 추들여 신령의 명패와 제자와 인간사 어떤 관계인지 확인하고 제자를 앉혀 놓고 천지팔양경을 하여 제자 몸을 깨끗이 하여 회향한다. 제자가 기도 중에 잡신이 들어올 수도 있기 때문이다.

● 제자의 주의사항

아무것도 모르고 제자의 길을 가다가 내림굿을 하여 눈으로 보고 신통신을 하였다고 기고만장하여 겁없이 날뛰었다가는 큰 화를 면치 못한다. 산에는 산천을 떠돌며 닦은 귀신들이 많다. 많이 닦은 귀신들은 둔갑하여 신령의 모습으로 나타나기도 한다. 귀신들은 인간의 마음을 이용하여 욕심 많은 제자를 택하여 도사 모습으로 나타나서 내가 너의 7대 할아버지 도사다 하면 신을 제대로 받은 제자도 욕심이 많아 위에 7대에서 오시면 도를 많이 닦아 원력이 좋은 신령이라고 받아들인 제자도 있다. 그런데 신을 받지 않은 제자들이야 신령의 모습을 보는 것만으로도 너무 좋아 기도하면서 7대 할아버지 도사를 받았다고 자랑삼아 말하는 제자도 보았다. 이런 일이 종종 있기 때문에 제자는 어느 정도 클 때까지는 꼭 선생을 따라 다녀야 한다.

각종사례
사례 2007년 조치원(지금의 세종시) 무속인 5년. 내림굿을 하고 얼마후에 제자가 전에 같이

다니던 무속인들을 데리고 지리산으로 기도를 다

녀온다고 했다. 지리산은 귀신들이 많은 곳이라

조심해야 한다. 제자가 선생님 염려마세요 하고

기도를 떠났다. 며칠 후 기도를 다녀왔다고 전화

를 하며 선생님 이번에 지리산 기도 가서 시댁

7 대 할아버지 도사를 받아왔어요. 라고 하는 것

이다. 조심하라니까 결국 잡신한테 속아 잡신만

붙어 왔구나. 제자가 아니예요 시댁 3대 도사 할

아버지는 점잖으신데 7 대 도사님은 얼마나 힘이

센지 저의 용궁마마 선녀대신은 조왕으로 쫓겨 났

어요. 예이 제자야 잡신이 들어와 설쳐대니까 용궁마마 선녀대신이 보지 않으려고 잠시 조왕으로 피하신 것이지 누가 감히 용궁마마 선녀대신을 쫓아내? 빨리 계룡산 국사봉 성황으로 들어와. 제자 몸에 감겨있는 귀신은 이미 선생을 알고 있기 때문에 가지 못하도록 제자를 지배하여 몇 번을 말했지만 끝내 오지 않아 결국은 제자로서는 바보가 되었다. 무속인들 대부분이 높은 대에서 오셔야 도를 많이 닦았다고 좋아하기 때문에 이러한 무속인들의 마음을 잡신들이 이용하고 있다.

사례 2010년 충남 아산 무속인 경력 2년. 계룡산 천임굿당에서 2박 3일 내림굿을 마치고 제자 몇 명과 같이 동행하여 문무대왕 능 앞에 용궁기도를 갔다기도하는 방법을 가르쳐 주고 다른 제자들과 같이 기도를 시켰다. 다른 제자들은 선생이 시키는대로 잘 하고 있는데 아산의 제자는 선생이 시키는대로 하지 않고 제자 마음대로였다. 왜 선생이 시키는대로 하지 않고 제자 마음대로 하느냐고 나무랐더니 선생님 제자도 다르고 신령님도 다른데 기도하는 것도 다 다르잖아요. 하고 반항을

340

했다. 혼자 속으로 그래 너 언제까지 그 말이 나오는가 두고 보자. 다른 제자들은 기도를 마치고 들어 왔는데 아산의 제자는 20분정도 늦게 들어왔다. 어느 신령님이 기도를 많이 하셨길래 늦었어 신령님과 대화를 해가면서 기도하다보니까 이렇게 늦었네요. 기도하면서 무슨 대화를 해? 제자가 궁금한 것을 물어보면 신령님이 답변해 주시니까 요. 제자 공부하는데 옆에서 누가 말시키면 공부할 수 있겠던가? 공부 못하지요. 신령님들도 용 왕대신한테 기도하시는데 제자가 말을 시키니까 기도를 못하시잖아. 더 이상 말할 가치가 없어 포기했다. 그러던 어느 날 제자가 남편과 같이 제자들만 기도시키는 기도터를 찾아왔다. 웬일이냐고 물었더니 선생님은 기도터를 어떻게 해놓았는가 둘러보러 왔다고 했다. 기도터를 둘러보고 가서 얼마 후에 제자 남편한테 갑자기 전화가 왔다. 선생님 잡신도 신령 노릇을 하나요? 하고 물었다. 잡신도 둔갑하여 신령 노릇 잘하지 그런데 왜 물어? 했더니 머뭇거리며 그냥 한번 물어봤다고 했다. 혼자 생각에 제자한테 무슨 일이 있구나 하고 있는데 몇일이 지나자 제자 남편한테 다시 전화가 왔다.

선생님 집사람이 미쳐서 정신병원에 데리고 가야

겠어요 하길래 내가 있는 한 정신병원에 가는 일

은 없을 테니 제자를 데리고 빨리 기도터로 와. 그

렇지 않아도 좀 이상해서 선생님한테 가보자고 하

니까 거기 가면 죽는다고 안 간다고 해요. 이튼날

제자 가족이 다 왔다. 거기 가면 나 죽인다고 가지

않으려고 해서 혼자는 감당 못하고 서울과 대구에

서 직장생활을 하는 자식들까지 오라고 하여 이불

로 씌워 차에 태우고 왔어요. 차를 타고 오는 중에

도 잡신이 제자한테 시키는데 옷에다 대소변을 봐
서 옷을 벗어서 자식들 얼굴에다 문지르고 도망가
자고 해서 그 짓까지 해가며 왔다고 했다. 자식들
마음이 어떠했을까? 선생 앞에 오니까 제자 몸에
감겨있는 귀신이 무서워서 그런지 움직이지 않아
제자도 정상적인 사람과 다름이 없었다. 어쩌다가
이 지경이 되었는지 물었더니 제자가 살고 있는 근
처에 산이 있는데 올라가 보니 큰 나무도 있고 계
곡에서 물도 흐르고 해서 기도터를 만들면 좋겠다
싶어 큰 나무 밑을 정리하고 평상을 만들어

놓고 기도를 하는데 내가 이 도당에 도당대감이다 하며 제자 몸에 실려 내일은 떡 좀 해 와라 해서 다음 날 떡을 해가지고 가면 내일은 고기 좀 가지고 오너라 하며 집에 오면 법당에 우족탕을 올려라 해서 우족탕을 사다 올리면 이제 먹자 해서 먹고 반복하기를 한 달 넘게 했다고 했다. 이러니까 남편이 잡신도 신령 노릇 하느냐고 전화를 해서 물어보았던 것이다. 그러면 먼저 전화했을 때 데리고 오지 왜 지금까지 보고만 있었느냐고 물었더니 모 국회의원이 몇 월 몇 일날 돈 20억을 가지고 올

테니까 남편한테 어디에다 어떻게 쓰라고 하여 인간인지라 혹시나 하고 그 날을 기다렸다가 그 국회의원이 오지 않으니까 그때야 잘못 되었다는 것을 알고 정신병원에 데리고 간다고 선생님한테 연락 드렸다고 했다. 저녁을 먹고 오늘은 늦었으니 귀신은 내일 잡자며 잠자리에 들었다. 이튿날 귀신을 쳐내느라고 제자를 앉혀 놓고 옥추경을 하는데 너무 강한 귀신이라서 처음에는 움직이지도 않다가 옥추경을 몇 번 하니까 그때서야 제자 몸에 있는 귀신이 나가지 않으려고 몸부림을 치다가 옥추

346

경에 견디지 못하고 결국 나갔다. 제자가 귀신의 몸부림에 힘이 들었던지 방에 들어가 반바지로 갈아입고 나왔는데 양쪽 다리가 찢기고 할퀴고 하여 성한 곳이 없어 다리가 왜 그러느냐 물었더니 어젯밤에 있었던 일을 털어 놓았다. 딸이 먼저 얘기를 했다. 엄마하고 같이 자는데 엄마가 화장실에 가신다고 나가시길래 저도 따라 나왔더니 엄마가 저한테 방에 들어가서 화장지를 가지고 오라고 해서 제가 방에 들어가서 화장지를 가지고 나왔더니 엄마가 없어져서 아빠를 깨웠어요. 제자 남편이 애

347

기했다. 잠자는데 딸이 깨워서 일어났더니 엄마가 없어졌다는 거예요. 그래서 아들을 깨워 셋이서 차를 타고 찾으러 나갔는데 여기서 얼마 안가니까 낚시터에 차량 한 대가 서 있는데 차 옆을 지날 쯤 차 밑에 뭔가 있는 것 같아서 차를 세우고 내려서 차 밑을 보니까 집사람이 차 밑에 웅츠리고 숨어 있는 거예요. 그 모습을 보니 제 마음이 너무 아팠습니다. 아산 제자가 말을 했다. 딸한테 화장지를 가지고 오라고 해서 딸이 방에 들어간 사이에 도망을 가는데 길로 가면 잡힌다고 길 밑 숲속으로 도망가자고 하여 숲속으로 도망가는데 얼마 안가면 차가 있으니까 차타고 도망가자고 하여 한참을 가니까 차가 있어 문을 열어보니 문이 잠겨 있었어요. 그러니까 차 밑으로 숨으라고 해서 차 밑에 숨어 있었던 거예요. 9월에 나무가 무성하게 컸다. 또 길 밑에는 아카시아나무와 가시넝쿨이 빽빽하게 우거졌다. 반바지를 입고 맨발로 가시밭 길을 헤맸으니 다리가 어떻게 되었겠는가? 생각만 해도 아찔하다. 자라 보고 놀란 사람이 솥뚜껑 보고 놀란다고 했던가? 제자가 한번 놀라더니 기도를 시키는데 무섭다고 혼자서는 못한다고 하여 제자 기도하는데 선생이 옆에서 지켜주었다. 며칠 기도하니까 정신이 맑아지자 그 동안 집안을 치우지 못한 것이 마음에 걸렸던지 잠깐 집에 가서 집안을 치우고 오겠다고 사정을 하였다. 집에 가면 귀신들 죽치고 있을 것은 뻔한 일이라 보내고 싶지 않았지만 제자 남편까지 사정을 하여 할 수 없이 다녀오라고 하였다. 이튿날 제자 딸한테서 전화가 왔다. 엄마가 맨발로 계룡산 신원사 부근에 돌아다닌다고 주변 사람들이 119에 신고하여 엄마를 공주병원으로 데리고 갔다고 하여 공주로 가는데 제자 딸한테 다시 전화가 왔다. 공주병원에 갔는데 엄마가 청산가리를 먹어서 위세척을 해야 하는데 이렇게 조그만 병원에서 무엇을 할 수 있겠느냐며 대전에 있는 건양대 대학병원으로 가야한다고 엄마가 행패를 부려 환자 이송차를 불러 타고 대전에 있는 건양대학병원으로 가고 있는 중이라고 했다. 공주로 가다가 다시 차를 돌리는데 환자 이송차가 오고 있었다. 환자 이송차를 따라 건양대 대학병원을 가보니 아니나 다를까 아산 제자였다. 그

와중에도 김종기라는 사람이 자기한테 청산가리를 먹였다고 대전 서부경찰서에 신고를 하여 경찰들이 나와 있었다. 경찰이 다가오더니 ○○○씨 아시지요. 자신한테 김종기 씨가 청산가리를 먹였다고 신고하여 나왔습니다 하길래 경찰관님들 청산가리 먹였으면 그 자리에서 죽지 살아서 저렇게 소리 지르고 하겠습니까? 경찰관들이 그 말을 듣더니 선생님 말씀을 듣고 보니 그 말이 맞네요 하며 돌아갔다. 제자는 선생만 보면 고함을 지르고 저 사람누가 여기 들여보냈느냐고 의사선생님과 간호사한

테 발광을 했다. 마침 부산에 있는 남녀 제자들이
대전에 오는 중이라고 연락이 왔다. 마침 잘 되었
다. 빨리 와서 귀신 잡으러 가자하여 기도터로 들
여보내고 제자 남편한테 제자한테 가서 여기 있으
면 병원비도 많이 들어가고 하니까 집에 가서 가까
운 병원에 입원하자고 달래여 데리고 나와 기도터
로 데리고 오라고 시켰다. 제자 남편이 제자한테
가서 말을 하니까 그렇게 한다고 하여 데리고 나오
려고 하는데 의사선생님이 정신과에 입원하여 치
료를 받아야 한다고 하기에 저 사람 귀신 붙어서

그런다고 했더니 의사선생님과 간호사들이 비웃듯이 웃었다. 이렇게 하여 제자를 데리고 나와 기도터에 모두 모였다. 대전에 있는 제자, 부산 제자 두 명, 아산 제자, 제자 남편 모두 앉혀 놓고 옥추경을 하였더니 부산에 여자제자가 아산 제자 몸에 감겨 있는 귀신을 끌어내어 제자 몸에 접신하여 갑자기 일어서더니 아산 제자 남편의 멱살을 잡아 일으켜 세우더니 그대로 바닥에 쓰러트리며 잡아 죽으려 멱살을 움켜쥐고 목을 누르며 야 왜 가만있는 남의 집을 부수고 그래. 제자들이 말리려고 해도 그 힘을 감당을 못해 옥추경으로 귀신의 힘을 빼놓은 다음에야 멱살을 풀어주며 다시 한 번 오기만 하면 그냥 두지 않을 거라고 협박을 하고 나갔다. 다음에 바로 부산에 남자제자가 다른 귀신을 끌어내어 제자 몸에 접신하여 주먹으로 바닥을 치며 지금 가신 분이 우리 형님인데 자존심 상하는 짓은 하지 말라고 했는데 그래서 간다는 거야? 안 간다는 거야? 호통을 쳤더니 형님이 가셨으니까 나도 가야지요 하며 조폭들이 하는 행동을 그대로 보여주고 갔다. 제자 몸에 계신 호구별상장군

님은 이와 같이 남의 몸에 감겨있는 귀신을 끌어내

어 제자 몸에 접신하여 귀신이 하는 말과 행동을

그대로 대변하면 제자 몸에 계신 천하장군이 쳐낸

다. 하룻강아지 범 무서운 줄 모르듯이 신 받았다

고 날뛰다가는 이와 같이 화를 당한다. 부산에 여

자제자를 합장시켜 앉혀 놓고 아산 제자 불사대신

오시라고 해. 아산제자 불사대신이 부산 제자 몸

에 실려 우시면서 선생님 우리도 힘 좀 실어주세요

하셨다. 이 말씀은 제자가 기도를 제대로 하지 않

고 제자 마음대로 했기 때문에 제자 신령님들이 산

왕대신 용왕대신의 원력을 받지 못하여 힘이 없다는 말씀이다. 바로 조상님 대우를 해드리고 한 달 넘게 데리고 있으면서 기도를 시켜 제자 신령님들 힘도 실어드리고 제자도 공부시켜 제자 집에 가서 집안에 있는 귀신들을 다 쳐내주었다. 이제는 제자도 정상적으로 기도하여 저승세계 현실을 보고 똑똑한 제자로 상장하고 있다.

사례 1995년 전라북도 군산에 사는 지인한테서 다급한 목소리로 나 좀 살려 달라고 전화가 왔다. 깜짝 놀라 왜 그러느냐고 물었더니 언니가 충남 장항에서 숙박업을 하는데 언니네 집에 가서 하룻밤 자고 왔는데 다음 날 집에 와서 잠을 잘려고 누워있으니까 누가 내 목을 졸라 잠을 잘 수가 없어 군산에 무속인들을 찾아다니며 별짓을 다 해보았어도 소용없다는 것이었다. 그러면 간단하게 주과포를 준비하여 법당으로 와 봐라. 법당에 인사하고 지인을 옆에 앉혀놓고 호구별상장군님 천하장군님 전라북도 군산시 ○○동에 거주하는 모모씨 기주가 언니네 집에 가서 자고 왔는데 잡신이 따라 붙은 것 같습니다. 장군님들이 잡신을 쳐내주십시오. 하고 천지팔양경을 5분이나 했을까 지인이 벌떡 일어나더니 문을 열고 밖으로 나가 뛰어서 도망을 갔다. 100미터쯤 도망갔는데 쫓아가서 멱살을 잡아다가 다시 앉혀놓고 천지팔양경을 다시 하니까 10분정도 되었을까? 귀신이 몸에서 빠져나가니까 그대로 그 자리에 누워 잠이 들었다. 얼마나 잠을 못자고 고생을 했으면 몇 분 사이에 잠이 들었다. 오후 4시경에 잠이 들었는데 이튿날 아침까지도 일어나지 않아 일을 가게 되어

359

서 할 수 없이 깨워 집에 가라고 했더니 무서워서 못 간다며 일하는데 따라간다고 나섰다. 어쩔 수 없이 일하는데 데리고 가서 일을 마치고 오는 길에 집으로 돌려보냈다. 이튿날 전화를 하여 어젯밤에는 잘 잤다며 살려줘서 고맙다고 하였다. 귀신을 다루는 사람은 무속인들 중에도 법사선생인데 법사선생들이 귀신을 제대로 다루지 못하기 때문에 일반인들이 무속인을 불신하는 것이다. 또한 이승에 떠도는 귀신들은 누가 다스릴 것인가 걱정된다.

사례 2006년 전라남도 목포에서 어느 무속인이 다 죽어가는 목소리로 선생님 저 좀 살려주세요 하고 전화가 왔다. 그런데 선생님 여기 오시면 수고비 드릴 돈이 없어요. 그러면 차비 줄 돈은 있습니까? 했더니 차비 드릴 돈은 있습니다. 열차를 타고 목포에 내려가서 무속인 집에 도착하여 법당을 보니 작은 불교상회 같았다. 부처님 세 분, 산신, 용왕 등등 갖은 불상이 다 모셔져 있었다. 어느 선생이 법당을 이렇게 해주었느냐고 물었더니 사촌언니가 서울에서 무속인을 하고 있고 형부가 법사인데 충청도 분이라 이름만 대면 선생님도 아실 거예요. 하며 이름을 들어보니 충남 한산에 김○○법사였다. 내 말을 들으면 살려주겠지만 말을 듣지 않으면 어쩔 수 없다 했더니 선생님 말씀을 따르겠습니다 하여 불교상회 차를 불러 산신할아버지, 대신할머니, 장군님, 선녀, 동자만 남겨놓고 모두 실어 보냈다. 저녁을 먹는데 밥을 먹지 못하고 깡통에 들어있는 깨죽을 먹었다. 저녁을 먹고 법당에 무속인을 앉혀놓고 천지팔양경을 하여쳐냈다. 하다 보니 밤이 늦어 하룻밤을 묵게 되었

362

다. 어제까지만 해도 다 죽어가던 사람이 이튿날 날도 새기 전에 청소기를 돌리며 집안 청소를 하였다. 아침을 먹는데 어제는 깨죽을 먹던 사람이 밥 한 그릇을 먹고 나더니 선생님 저 이제 살았어요 하며 좋아했다. 오는데 선생님 고맙습니다 하며 교통비 십만 원을 주었다. 법당 불사단지에 놓을 3만 원이 없어 3만 원을 놓아주고 7만 원을 가지고 왔다. 사례에서 보는 바와 같이 사촌언니가 신을 제대로 받아 제자를 하고 있었다면 사촌동생은 무당을 하고 싶어도 할 수 없다.

사례 2006년 마산에서 어느 무속인이 전화를 하여 선생님 저는 왜 기도만 가면 뱀이 보일까요? 하고 물었다. 보살님 조상님 중에 뱀으로 고통받는 분이 계신가 보죠. 시간 있으면 계룡산으로 오세요. 며칠 후 마산에 삼덕불교사 사장님과 무속인 몇 명이 찾아왔다. 계룡산 대성굿당으로 데리고 들어가 뱀이보인다는 무속인을 성황에 앉혀놓고 육계주 부정경 천수경을 하고 무속인한테 누가 묶여있는지 잘 보라고 하고 천지팔양경을 하였다. 무속인이 선생님 제 남편이 성황나무에 밧줄

로 묶여 있어요. 그러면 성황대신한테 남편을 풀

어달라고 기도를 해보세요. 처음에는 성황대신 잘

하더니 차차 목소리가 속으로 들어가며 나중에는

아예 목소리가 나오지 않았다. 옆에 가서 왜 성황

대신을 않느냐고 했더니 남편을 뱀이 발끝에서 목

까지 감으니까 제 목이 졸려 말이 나오지 않아요.

그러면 선생이 뱀을 풀어 줄테니까 잘 보세요. 하

고 천지팔양경을 하였다. 경문이 끝나자 무속인이

웃으며 선생님이 경문하시나까 뱀이 목에서부터

풀려 제 옆으로 지나가고 있어요. 뱀이 다 풀리고

나무에 묶여있던 밧줄도 풀리니까 남편이 와서 저를 꼭 안아 주는데 너무 좋아서 흥분하여 오줌 쌀 뻔 했어요 하며 웃음을 그칠 줄 몰랐다. 몰라서 그렇지 다른 무속인들도 예외는 아닐 것이다. 보는 바와 같이 천지팔양경은 귀신은 무서워하지만 조상님들은 업을 벗는다.

사례 2006년 천안에 남자 무속인이 계룡산 불당암에 기도를 와서 성황에서 기도하다가 잡신이 감겨 옷을 다 벗어 버리고 알몸으로 날뛰는 사람을 몇 사람이 겨우 붙잡아 손과 발을 묶어놓고 연락이 왔다. 가서보니 가족들도 연락을 받고 와서 보고 정신병원에 데리고 간다기에 제가 고쳐드리겠습니다 하였더니 이런 사람 고쳤다는 말 들어본 적이 없다며 데리고 갔다. 30분정도 지났을까 다시 와서 선생님만 믿고 맡겨보겠습니다 하고 미친 사람과 부인만 남겨놓고 다른 가족들은 다 돌아갔다. 각 지방에서 기도하러 온 무속인들이 저런 사람을 어떻게 고친다고 하느냐며 수군대며 비웃었다. 동행한 무속인들도 어떻게 고친다고 하느냐며 걱정

367

을 하였다. 무속인들이 하는 일이 귀신 다루는 일인데 내가 저 사람 고치지 못하면 법사하지 않겠다고 장담을 하고 부인한테 제물을 준비해야 한다고 했더니 통장을 보여주며 전 재산이 290만 원밖에 없다고 했다. 제물을 준비하여 차려놓고 미친 사람은 손과 발을 묶은 채 뉘어 놓고 부인 옆에 앉혀놓고 조상님을 천도한 뒤 이렇게 미쳐 날뛰는 사람은 몸에 들어있는 귀신의 힘이 강하기 때문에 천지팔양경으로는 다스리지 못하기 때문에 옥추경으로만 다스려 하룻밤을 지내고 다음 날 손과 발 묶은 것을 풀어주라고 했더니 동행한 무속인들이 무섭게 왜 풀어주라고 하느냐고 겁을 먹었다. 귀신 나갔으니까 걱정하지 마. 무속인 몸에 들어있는 귀신도 옥추경에 견디지 못하고 나갔다. 이렇게 해서 1박 2일 동안 옥추경으로만 다스려 귀신을 쳐내고 정상적인 사람으로 고쳐주었다. 보는 바와 같이 우리 무속세계에 옥추경이 없었으면 이 무속인은 평생을 정신병원에서 보낼 수 밖에 없었을 것이다.

사례 2010년 전라남도 담양에서 찾아 온 50대 여성은 무속인이 아니였다. 옷차림으로 보아서는 아주 정상적인 사람으로 보였다. 상담을 하다 보니 몸에 잡신이 감겨있는 것이 나타나기 시작하여 어디서 잡신 붙어 왔냐고 했더니 갑자기 고함을 치며 잡신이 아니다. 잡신이 아니면 뭐야? 했더니 옥황상제다. 옥황상제같은 소리하고 있네. 너 어디서 따라 왔어? 물었더니 사연을 털어 놓았다. 어떤 사람 소개로 통영에 있는 무속인을 찾아갔다. 어떤 사람 소개로 통영에 있는 무속인을 찾아가 굿을 하고 왔는데 그때부터 몸이 이상하고 밤이면 남

370

편처럼 잠자리도 하고 자기가 옥황상제라고 모습도 보여주고 네가 원하는 것은 뭐든지 다 해준다고 같이 살자고 했다고 한다. 불교상회에 가면 무속인들이 옥황상제라고 하니까 자기들은 신이 높은 신이라 감당하지 못한다며 다른 선생을 찾아가라고 했다고 한다. 그래도 살려고 했는지 광주에 제자가 있는데 다행히 제자를 만나 제자 집으로 따라 갔는데 광주의 제자가 대전에 유명하신 선생님이라고 하며 신○○씨 명함을 주고 이분도 잘 하신다고 내림굿을 마치고 제자와 같이 찍은 사진을 보여주는데 전화번호가 있어서 제자 모르게 적어 왔다고 했다. 제자 집에 또 한 사람이 있었는데 제자한테 선생님이라고 하며 우리 선생님도 유명하시다며 우리 선생님한테 신 받으라고 옆에서 부추겼다고 했다. 광주 제자의 제자라는 사람은 대전의 제자들만 공부시키는 기도터에 와서 광주 제자와 3박 4일 동안 기도하고 간 무속인이다. 그런데도 김종기라는 사람은 전혀 모르는 사람이라고 했다고 한다. 광주 제자가 내 제자가 되어라 하는데 나는 여자 선생은 싫다며 돌아와서 바로 대전에 유명하

다는 신○○ 씨를 찾아가 상담을 받아보니 마음에
와 닿는 말이 없어 바로 나와 적어온 전화번호를
보고 전화 드렸습니다. 몸에 귀신이 들었어도 귀
신이 움직이지 않으면 옳은 정신이 있기 때문에 겉
으로 보아서는 미친 사람 같지 않다. 본인도 걱정
을 했다. 선생님 이러지 말아야 하는데 왜 그런지
모르겠어요. 잡신 쳐내고 신 받으면 괜찮아 하면
다시 귀신이 나와 잡신이 아니다. 옥황상제다 라
고 했다. 상담을 마치고 돌아갔는데 이튿날 전하
를 하여 선생님 대전에 흑석동이라고 있어요. 있

는데 그걸 어떻게 알아? 우리 할머니가 그러시는
데요. 너는 대전에 흑석동에 가야 산다고 하셨어
요. 그래 제자들 기도시키는 기도터가 흑석동이야.
바로 날을 잡아 계룡산 천임굿당에서 신내림굿을
하는데 먼저 신 받는 제자 몸에 있는 귀신부터 쳐
내야 했다. 앉혀놓고 천지팔양경을 하니까 좋아하
는 표정으로 몸놀림을 하였다. 그래서 옥추경을
하였더니 움직이지 않고 가만이 있었다. 귀신이
쉴 틈을 주지 않으려고 계속해서 옥추경을 다섯 번
을 했더니 귀신이 힘이 들었는지 몸을 비틀어 가며

고통스러워하더니 앞으로 고꾸라져 일어나려고 손을 짚는데 발가락 셋 달린 이무기였다. 그래도 살아보려고 온갖 힘을 내어 기어가는 모습은 너무 처참하였다. 옥추경 여덟 번을 하니까 사람의 혀가 그렇게 긴 줄 몰랐다. 혀를 길게 빼고 구렁이 우는 소리를 내가며 한참을 용쓰더니 그 자리에 쓰려졌다. 이무기의 몸부림에 신 받는 제자가 맥이 빠져 그 자리에서 일어나지 못하고 한참을 누워 있다가 일어나서 귀신이 그렇게 힘이 센 줄은 몰랐다며 놀라는 표정이었다. 이렇게 힘이 센 귀신은 나갔다고 마음을 놓아서는 안 된다. 더구나 잠자리도 하고 살았는데 정이 들었기 때문에 멀리가지 않고 주위에 맴돌다가 기회가 있으면 또 들어간다. 2박 3일 동안 내림굿을 마치고 집에 보낼 수가 없어 기도터로 데리고 갔다. 다른 사람들과 몇 명이서 저녁을 먹고 앉아 있는데 밖에서 사람이 웅성거리는 소리가 들렸다. 같이 있던 사람들이 듣고 선생님 밖에서 사람 소리가 나는데요 알면서도 제자들이 놀랄까봐 이 산중에 무슨 사람 소리야 하고 모른 척 했다. 다음 날 신 받은 제자를 산신당에 앉혀 놓고 기도하는 방법을 가르쳐 주며 기도를 하라고 했다. 주위에서 일을 하다가 제자 기도하는 모습을 보니 뭐가 좋아서 인지 웃어가며 어디를 집중하여 쳐다보며 좋아서 어쩔 줄 몰랐다. 옆에 가서 뭐가 좋아서 웃어가며 기도하느냐고 물었더니 선생님 산신할아버지 위에 옥황상제가 앉아서 제가 원하는 것은 무엇이든지 다 들어 주신다고 하니까 제가 좋아서 그래요. 어제밤에 밖에서 웅성거리는 사람의 소리가 들린 것이 제자 몸에서 나갔던 귀신이다. 기회를 보아 다시 들어가려고 기도터까

지 쫓아와 옥황상제로 둔갑하여 제자가 원하는 것
은 뭐든지 다 들어준다고 하니까 인간인지라 마음
이 흔들릴 수도 있다. 바로 귀신이 노리는 점이다. 제자를 성
이미 귀신은 제자의 몸에 들어가 있다. 제자를 성
황당으로 데리고 가서 앉혀놓고 옥추경을 했더니
제자 몸에 있는 귀신 이무기가 제자 손으로 꼬리치
며 올라가는 시늉을 하자 제자가 선생님 이제 갔어
요. 제자가 어떻게 알아? 저한테 간다고 하며 꼬
리치며 갔잖아요. 알았어. 다시 옥추경을 했더니
제자 몸속에서 이무기가 끄윽 하며 정체를 드러냈

다. 계속해서 옥추경을 네 번이나 했더니 제자가 선생님 이제 정말 간다고 갔어요. 그러면 불사대신 할머니 오시라고 해. 예 불사대신입니다. 불사대신 할머니는 인간사 제자와 어떤 관계세요? 예 2대 할머니입니다. 선생님 우리 손녀딸 살려주셔서 정말 고맙습니다. 선생님 우리 손녀딸 잘 부탁드립니다. 이제 용궁마마 선녀대신 오시라고 해. 예 용궁마마 선녀대신입니다. 용궁마마 선녀대신은 인간사 제자와 어떤 관계세요? 엄마입니다. 선생님 우리 딸 살려주셔서 고맙습니다. 우리 딸이

379

저 때문에 병간호 하느라고 자기 인생도 없이 너무 고생을 많이 했습니다. 우리 딸 너무 불쌍합니다. 선생님이 많이 도와주십시오. 별상선녀 오라고 선녀가 나오더니 애기목소리로 할아버지 우리엄마 살려주어서 고맙습니다. 누가 보아도 할머니와 엄마가 하시는 말씀이다. 그래도 마음이 석연치 않아 다시 옥추경을 하였더니 제자 몸에 여전히 이무기가 들어 있어 끄윽 하고 정체를 드러냈다. 이렇게 끈질기게 이무기가 나가지 않는 것은 제자 마음에서 잡고 있기 때문에 가지 않으려고 하는 것이다.

그 동안 이무기 하고 잠자리도 하고 좋은 쾌감을 느껴서 이무기와 정이 들어 제자 마음에서 밀어내지 못하고 마음에서 잡고 있었기 때문이다. 이제 제자 책임이야. 제자 마음에서 밀어내. 어떻게요? 이무기한테 욕을 해. 제자 마음에서 밀어 내. 어떻게요? 이무기한테 욕을 해. 선생님 저는 욕을 못하는데요. 그러면 선생이 욕을 써 줄 테니까 읽어. 이무기 새끼 작두칼로 토막 내서 소금에 저려버린다고 해. 제자가 욕 써준 것을 읽으니까 이무기가 어라 이것 봐라. 갑자기 마음이 변해서 싸나워졌네. 예이 더러운 년 하며 꼬리를 흔들며 갔다. 이 제자를 살리려고 기도터에서 무전숙박으로 3개월을 데리고 있으며 기도시켜 정상적인 무속인이 되어 돌아갔다. 옛 어른들 말씀에 머리 검은 짐승은 거두지 말라는 말씀을 무속인의 길을 가면서 많이 겪고 있다. 하고 싶은 말이 있다면 제자가 되기 전에 먼저 인간이 되어라.

사례 2008년 남양주 무속인 9년.
서울 삼각산 굿당에서 내림굿을 하고 기도시키려고 계룡산 대문사 굿당에 들어갔다. 제자가 선생님 의정부에 무속인 친구가 있는데 술 먹으면 돌변하여 행패를 부린다고 선생님이 한번 봐주세요. 제자의 부탁이라 거절할 수가 없어 그러면 와 보라고 해. 제자가 연락하여 내려왔는데 얼굴을 보니 너무 찌들어 있었다. 산신당에 앉혀놓고 천지팔양경을 하는데도 아무 반응을 보이지 않아 옥추경을 두번을 해도 아무런 반응이 없어 쉬는데 의정부에서 온 무속인이 선생님 옥추경 하셨어요? 예 두번 하셨어요? 예 그걸 보살이 어떻게 아세요? 제 몸속에 있는 귀신이 처녀귀신인데 귀신이 하는 말이 아까 옥추경을 해서 무서워 죽겠고만 또 한다고 하며 무서워서 꼼짝 못하고 숨어 있었데요. 의정부 무속인이 화장실에 다녀오더니 선생님 화장실에 가니까 제 몸에 있는 귀신이 한숨을 쉬며 아이구 무서워 죽는 줄 알았네 라고 했어요. 처녀귀신이 깡다구 좋다 하며 여자 청춘옷을 가지고 성황으로 갔다. 무속인을 앉혀놓고 옥추경을 하고 나니까 남양주 제자가 선생님 나갔어요 다시 산신당으로 올라와 의정부에서 온 무속인을 앉혀놓고 천지팔 양경을 하니까 의정부 무속인이 일어서더니 큰절

384

을 하여 누구세요? 물었더니 시아버지입니다. 선생님 고맙습니다 하시며 큰절을 세 번이나 했다. 형편이 너무 어려워 내림굿은 생각조차 할 수 없는 형편이라고 했다. 남양주 제자가 선생님 살려주세요 하며 준비는 제가 할테니 선생님이 좀 도와주세요. 제자의 마음이 저런데 선생으로서 거절할 수가 없어 할 수없이 수락산 할매굿당에서 2박 3일 동안 내림굿을 했다. 그런데 너무 신기한 일이 있었다고 했다. 남편과 별거한지 10년이 되었는데 내림굿을 한지 3알만에 남편이 딸을 데리고 보따리

385

싸 가지고 집으로 돌아왔다고 했다. 조상 신령님들은 명패만 찾아드리면 제자 가정부터 밝혀주신다.

사례 2008년 대전에서 한 무속인이 찾아와 선생님 저는 왜 항상 양쪽 팔뚝을 보면 뱀 허물이 씌워 있어요? 뱀이 감고 있으니까 그렇지요. 제자들 기도갈 때 따라와 보세요. 친정엄마 살아 계세요? 친정엄마는 돌아가신지 10년이 되었는데 아직은 못 들어 오셨습니다. 그러면 점은 누가 봐주나요? 할아버지가 바주는 것 같아요. 그런데 가슴에 무엇이 들어 있는 것 같이 가슴이 답답해요. 이유가 있겠지요. 며칠 후 창원에 내림굿 한지 10일 된 제자와 대전에 제자를 데리고 부여 백마강에 용궁기도를 가는데 따라 오라고 했다. 3월이라 밤에는 약간 쌀쌀하고 서리도 내릴 때다. 부여에 도착하여 백마강 쪽으로 들어가는데 창원의 제자가 선생님 오늘밤에 뱀이 나오겠는데요. 날씨가 이렇게 추운데 무슨 뱀이 나와? 아니에요 뱀 나와요. 내림굿 한지 10일밖에 안된 제자의 말이라 웃고 말았다. 백마강에 도착하여 따라온 무속인이 제물을 차려놓고 친정엄마 옷을 옆에 놓고 무속인을 옆에 앉혀놓고 천지팔양경을 하고 나니 무속인이 선생님 왜? 요즘에 뱀이 나오나요? 선생님이 경문 하실 때 뱀 두 마리가 제 앞으로 지나갔어요. 그 뱀은 보살님 양팔을 감고 있던 뱀입니다. 하고 해원경을 하였더니 무속인 친정엄마가 딸한테 실리더니 선생님 고맙습니다. 인사를 하고 대성통곡을 하시며 엄마가 와도 모르고 침책을 주어도 모른다며 딸을 나무랐다. 엄마가 실려 울고 나니까 가슴에 막혀있던 것이 내려가 속이 시원하다고 좋아

했다. 친정엄마 침책이었다. 이튿날 계룡산에 가는데 따라오라고 했다. 성황에 무속인을 앉혀 놓고 천지팔양경을 하였더니 선생님 저의 친정엄마가 밧줄로 묶여 성황나무 밑에 무릎 꿇고 있어요. 선생이 친정엄마 풀어드릴게 잘 봐요. 하며 다시 천지팔양경을 하였더니 무속인이 선생님 친정엄마가 풀려나서 법당으로 가셨어요. 하며 이제 속이 시원하다고 좋아했다. 아침에는 일어나지도 못했는데 이제는 몸도 가벼워 일찍 일어나고 부지런해졌다며 좋아했다. 친정엄마가 오셔서 점을 봐 주는

389

데도 모르는 무속인들이 이 무속인 뿐이겠는가?

사례 2008년 논산에 남자 무속인이 상담을 하러 온 적이 있었는데 논산 가는 길에 그 무속인 집에 잠깐 들렸다. 법당을 보니 불사단지가 두 개나 있었다. 왜 불사단지가 두 개냐고 했더니 하나는 본인 불사단지고 다른 하나는 부인 불사단지라고 하며 선생님 법당에 들어가면 농약냄새가 나는데 왜 그럴까요? 어느 조상님이 농약 먹고 자살하신 분이 계신가 보지. 했더니 부인 친정할머니가 농

390

약 먹고 자살했다는 말을 들었어요. 그러면 어떻게 해야 하나요? 부인 불사단지 내려 그리고 점은 누가 봐주셔? 할머니가요. 어머니는? 저희 어머니는 아직 못 오시나 봐요. 그러면 산에 갈 때 연락 할테니까 와봐. 며칠 후 서대산 연화굿당에 데리고 들어가 논산에서온 무속인을 성황에 앉혀 놓고 천지팔양경을 하였더니 논산에서온 무속인이 갑자기 대성통곡을 하며 선생님 저의 어머니 아버지가 밧줄로 묶여 성황나무 밑에 무릎 꿇고 앉아 계세요. 제자라는 놈이 내 부모는 지옥에서 고통 받고 계시는 줄도 모르고 어떻게 남을 구제한다고 제자를 하느냐며 한참동안 울음을 그칠 줄 몰랐다. 고통 받는 것이 그것뿐이겠는가? 신령의 명패를 받고 오셔서 제자를 삼지 못하고 떠도는 죗값은 그보다 더 고통스럽다.

사례 2009년 계룡산 신원사 부근 무속인 집에 일을 갔는데 무속인이 연세가 많아 법당을 철상하는 일이었다. 한참 경문을 하는데 젊은 여성이 들어오더니 절도 하지 않고 팔만 올렸다 내렸다 하였

392

다. 경문이 끝나자 서울에서 오신 무속인이 저 사람은 주인 보살님 딸인데 어느 학교 선생이라는데 신을 받아 무속인이 되었는데 몇 번을 보았어도 절은 않고 이상한 짓만 하더라고 했다. 잘못되었구나 하고 산신당으로 데리고 가서 합장시켜 앉혀놓고 친지팔양경을 하였더니 옆에 앉아 있던 무속인이 굵직한 남자 목소리로 법사야 내가 그렇게 한다고 가냐? 하는 것이다. 넌 무엇이기에 선생도 몰라보고 너 어디서 왔어? 호통을 쳤더니 법사야 내가 천년동안 도를 닦았느니라. 그러면 너 이무기

아니야? 했더니 그렇다. 참 어이가 없었다. 엄마와 딸을 앉혀 놓고 엄마한테 딸 몸속에 이무기가 들어 있는데 어쩌면 좋겠습니까? 딸 살리려면 찾아오시라며 연락처를 알려주고 왔는데 이무기가 이미 알았기 때문에 오지 않을 것이라고 생각을 했지만 끝내 오지 않았다. 자칭 신엄마, 신선생이라는 사람들이 제자 몸에 이무기가 감겨있어도 쳐내주지 못하는 사람들이 어떻게 선생 노릇을 하고 있는가? 한심하기 짝이 없다.

394

사례 2009년 전주에서 어느 무속인이 선생님 저의 집에 오셔서 법당을 한번 쳐내 달라고 요청을 했다. 전주에 내려가 무속인의 사연을 들어보니 법당에 들어가면 한기를 느끼며 춥다고 했다. 법당에 무속인을 앉혀놓고 천지팔양경을 했더니 갑자기 무속인이 춥다며 떨기 시작했다. 천지팔양경을 끝냈어도 멈추지 않고 떨고 있어서 왜 그러느냐고 물었더니 법당 밑에서 큰 구렁이가 나오더니 무속인 몸을 감으니까 추워서 떨고 있다는 것이다. 다시 옥추경을 하였다. 5분정도 지났을까 무속인

395

이 선생님 구렁이가 풀려 밖으로 나가니까 이제는 춥지 않아요。 이와 같이 무속인들 법당에서 천지팔양경과 옥추경을 해보면 법당 밑에 구렁이가 숨어 있는 법당들이 종종 있다。 때문에 무속인들 법당도 가끔 천지팔양경과 옥추경으로 쳐내야 법당이 깨끗하다。

사례 2009년 대전 관저동에서 비구니 스님이 찾아오셔서 상담을 하는데 선생님 저는 왜 법당에 옥수물도 갈기 싫고 기도하려고 앉아 있으면 졸리고 법당 밑에서 찬바람이 나와요. 선생님이 법당에 가셔서 봐주세요. 스님의 부탁으로 스님 법당을 가 보았다. 부처님 모신 법당 옆에 산신할아버지를 모신 법당이 있었다. 스님이 기도는 산신할아버지 모신 법당에서 한다고 했다. 산신할아버지 모신 법당에 스님을 앉혀놓고 천지팔양경을 하였더니 갑자기 스님이 소리를 지르며 놀라는 표정이었다. 스님 왜 그러세요? 물었더니 법당 밑에서 큰 구렁이가 나오고 있어요. 눈 감고 구렁이가 밖으로 나가는지 잘 보세요. 하고 천지팔양경을 계속하여 끝나니까 선생님 구렁이가 밖으로 나갔어요. 하며 안도의 한숨을 쉬었다. 무속인들 법당 밑에나 몸에 감겨있는 구렁이나 이무기는 청춘에 간 사람들이 지옥에 떨어져 벌 받는 것이다. 가족들이 풀어주지 않으니까 이승에 나와 산천을 떠돌다 무속인들한테 들어가 무속인들이 기도할 때 같이 닦기 때문에 오래 닦은 구렁이와 이무기는 막강한 힘을 가지고 있다. 또 가족들이 풀어주고 싶어도 현재 무속인들이 신을 제대로 받지 않아 신령이 없기 때문에 풀어 줄 수가 없어 안타깝기만 하다.

사례 2010년 계룡산 천임굿당에서 대구 제자 내림굿을 하는데 평택에서 무속인이 찾아와 내림굿을 하는 것을 처음부터 끝까지 지켜보더니 너무 신기하다며 본인도 하고 싶다고 하며 제자들 기도 갈때 저도 데리고 가라고 사정을 하여 내림굿을 마치고 제자들 몇 명과 동행시켜 계룡산 국사봉에 기도를 갔다. 자시 기도를 마치고 잠을 자는데 다른 제자들은 방에서 잠을 자는데 평택에서 온 무속인은 거실 출입문 앞에서 잔다고 누워있었다. 방에 들어가서 자야지 왜 문 앞에서 자려고 하느냐고 했더니 집에서도 출입문 앞에서만 잔다고 했다. 재혼한 남편이 서로 만난 지 5년이 되었는데도 5년 동안 부부가 한방에서 같이 자본 적이 없다고 했다. 무슨 이유가 있겠지요. 3박 4일 기도를 마치고 내려와 바로 날을 잡아 계룡산 천임굿당에서 내림굿을 하는데 신 받는 제자 몸을 깨끗이 털어내기 위하여 신 받는 제자 뒤에 다른 제자들을 앉혀놓고 천지팔양경을 하는데 부산의 제자가 갑자기 네년이 나하고 산다고 했잖아 하고 소리를 지르며 신 받는 제자 머리채를 잡고 흔들었다. 넌 누구냐?

하고 호통을 치니까 시동생이라고 했다. 시동생이

형수한테 왜 행패부리는 거야? 하니까 이년이 나

하고 산다고 약속해 놓고 이제 가라고 하니 성질나

서 그렇습니다. 어이가 없었다. 죽은 귀신이 사람

하고 어떻게 살아? 호통을 치고 신 받는 제자한테

어떻게 된 거냐고 물었더니 무속인이 되기 전에 시

동생이 죽었는데 이후로 몸이 안좋아 무속인을 찾

아갔더니 죽은 시동생과 결혼식을 올리면 괜찮다

고 하면서 무속인이 죽은 시동생과 결혼식을 해주

었다고 한다. 이후로 다른 사람이 제 옆에만 오면

401

온몸에 열이 나서 제가 견딜 수가 없어 다른 사람

옆을 가지 못합니다. 그래서 남편을 만난 지 5년

이 되었어도 한방에서 잠을 자지 못했습니다. 선

무당이 사람 잡는다고 기가 막힌 일이었다. 시동

생은 성황을 풀어 좋은 곳으로 보내준다고 달래놓

고 내림굿을 무사히 마쳤다. 며칠 후 제자를 기도

시키려고 계룡산 국산봉에 가서 제자 남편을 만났

는데 5년만에 부부가 한방에서 같이 잤다고 선생

님 고맙습니다. 하고 정중히 인사를 했다. 힘있는

귀신이 들어오면 어떤 귀신은 자기 부인처럼 생각

하고 잠자리까지 하는 귀신도 있는데 좋은 쾌감을 느끼며 정이 들어 마음으로 잡고 있는 무속인들도 몇 사람 보았다. 때문에 기도할 때는 정신을 바짝 차려야 한다.

사례 2010년 제자들을 데리고 태백산 불정암에 기도를 갔다. 점심을 먹고 밖에 나왔는데 부산 번호를 단 봉고차 한 대가 들어왔다. 차에서 내리는 사람을 보니 흰 남방에 옷깃을 세우고 목에는 스카프를 두르고 손에는 흰 면장갑을 낀 50대 여성이었다. 세 사람이 왔는데 두 사람은 방으로 들어가고 멋쟁이 여성만 책과 징을 들고 산신당으로 가는 것으로 보니 무속인이었다. 옆으로 지나가며 기도하는 모습을 보니 징을 치며 책을 읽고 있었다. 10분정도 기도하더니 제자들과 쉬고 있는 곳으로 와서 커피 한 잔 드릴까요 하고 먼저 말을 건넸다. 주시는 것은 고맙지만 왜 커피를 주시려고 하십니까? 했더니 사실을 털어 놓았다. 제가 지금 몸이 너무 아픈데 조금 전에 선생님이 지나가시는데 저 선생님 같으면 아픈 곳을 고쳐주실 수 있

404

겠구나 라는 직감이 들어서 실례를 무릅쓰고 이렇게 왔습니다. 커피를 마시며 상담을 했다. 친정엄마 계세요? 물었더니 친정엄마는 돌아가신지 10년이 되었는데 공부중이라 아직 안 오셨습니다 하였다. 그러면 점은 누가 봐주세요? 물었더니 천수천안관자재보살이 외갓집 조상으로 오셔서 점을 봐주십니다. 참으로 어이없는 말이다. 산신당으로 데리고 가며 제자들한테 친정엄마가 오시면 대성통곡 하실테니까 화장지 가지고 따라오라고 했다. 산신당에 앉혀놓고 친정엄마 오셔서 점을 봐주시

는데 그것도 모르고 외갓집 조상이나 찾고 천수천
안 관자재보살이나 찾고 있으니 친정엄마가 얼마
나 답답하실 겁니까? 보살님 가슴이 답답하지 않
으세요? 제 가슴이 항상 주먹만한 게 들어있는 것
처럼 답답하고 가슴이 아파요. 친정엄마가 딸이
몰라주니까 친정엄마 마음이 답답해서 그렇습니
다 했더니 갑자기 친정엄마가 실려 대성통곡을 하
시며 내손을 꼭 잡고 선생님 우리 딸 좀 살려달라
고 애원을 하셨다. 이와 같이 조상님들은 똑똑하
신데 제자 인간이 멍청한 것 같다. 이 무속인뿐만

406

아니라 팔보살이 점 봐준다는 무속인들도 몇 사람 보았다. 이런 무속인들은 알아듣게 상담을 해줘도 소귀에 경 읽기다. 차라리 다른 무속인들 까지 욕 먹이지 말고 무당하지 말아야 하는 사람도 있다.

사례 2013년 충남 지방자치선거 한 달 전에 ○○시에 시장 출마한다는 사람 일을 하게 되어 일하기 하루 전 계룡산 천굿당에 들어가 준비해 놓고 잠을 잤는데 부산 제자가 아침에 일어나더니 온 몸에 몽둥이로 맞은 것처럼 시퍼렇게 멍이 들었다고 놀랐다. 어느 조상님의 침책이겠지 하고 아침을 먹고 조금 있으니까 제가집에 시장 출마한다는 사람이 왔는데 사람을 보고 너무 실망했다. ○○시에는 사람이 얼마나 없으면 저런 사람이 시장 출마한다고 하느냐고 속으로 비웃기도 했다. 제자들이 보더니 선생님 충청도에는 사람이 그렇게 없습니까? 어떻게 저런 사람이 시장을 하겠다고 할 수가 있느냐며 제자들 역시 비웃었다. 직접 대화를 해보니 말하는 것조차 얼버무리고 말을 제대로 하지 못했다. 산신에 제물을 차려 통돼지 바치고 산

408

신축원을 하는데 부산제자한테 제가집 2대 할머니가 오셔서 대성통곡을 하시며 말씀을 하시는데 선생님 우리 손자를 데려오라고 옥황상제께서 명령을 내렸는데 손자를 안 데리고 온다고 제가 매를 맞아 온몸에 멍이 들고 몸이 아파서 움직일 수가 없다고 꼼짝도 못하셨다. 부산 제자의 몸에 멍이 들었던 것이 이 할머니의 침책이었다. 때문에 무속인은 저승의 대변인이다. 방에 들어와 가택축원을 하고 모두 앉혀놓고 천지팔양경을 하는데 각 제자 장군님들이 제가집 시장 출마한다는 사람의 몸에 감겨있는 귀신들을 잡아내는데 한 둘이 아니었다. 몸에 감긴 귀신을 쳐내고 나니까 얼굴이 달라지고 말도 잘했다. 일을 마치고 집에 가니까 주위 사람들이 어디 가서 성형수술하고 왔느냐고 얼굴이 좋아 보인다고 했다고 한다. 한 달 후 시장 선거에서 ○○시 시장으로 당선되었다. 제가집도 제자가 나와야 할 집안이었다. 그런데 제자를 삼지 못하고 떠돌아다닌 죄로 옥황상제께서 손자를 데리고 오라고 명을 했는데 2대 할머니가 매를 맞으면서까지 손자를 살리신 것이다. 현재 무속인들 중에도 자식을 앞세운 무속인들도 많다. 그래도 깨우치지 못하고 아들이 죽어 장군으로 와서 잘 불려준다고 자랑삼아 말하는 무속인도 보았다. 내 가정도 밝히지 못하는 사람들이 어떻게 남의 가정을 밝힌다고 무속인을 하고 있는가? 부끄러워서도 하지 말아야 한다. 이것이 신의 세계 현실이기 때문에 제자는 앞에서 봤던 내림과 같은 과정을 거쳐 신을 받아야 내 가정을 밝히고 남의 가정도 밝혀줄 수 있다.

사례 2013년 부산 제자가 일을 맡아 계룡산 천
임굿당에 들어와 일을 하게 되었다. 일을 시작하
기 전에 제가 집에 사연을 들어보니 아들이 군에
입대하여 1년이 넘었는데 아들이 있는 부대 대대
장님한테 연락이 와 이상병 어머님이 와보셔야 할
것같다고 해서 아들이 있는 부대에 찾아 갔더니 대
대장님 하시는 말씀이 이상병이 요즘 정신이 좀 이
상하여 화장실에서 목을 매어 자살을 시도하다가
동료 병사들한테 발견되었기에 망정이지 아무도
보지 못했으면 큰일 날 뻔 했습니다. 걱정이 되어

어머님께 연락을 드렸습니다. 이상병을 잘 감시하라고 감시병까지 붙여두었습니다. 이상병 한번 만나보세요 해서 아들을 만나보니 정상적인 사람 같지 않았어요. 아들한테 왜 그런 짓을 했느냐고 물었더니 저도 모르겠다고 했어요. 급해 내려와 보살님을 찾아갔더니 아들을 살리려면 서둘러 일을 해야 한다고 해서 이렇게 온 것입니다. 먼저 산제를 지내고 방에 들어와 가택축원을 하고 천지팔양경을 하는데 부산 제자한테 귀신이 접신하여 매를 맞으며 아야아야하며 아프다고 해서 너는 누구냐?

413

하고 호통을 쳤더니 관등성명을 대며 이상병을 데
리고 같이 다니려고 했는데 들켰다고 억울해 하였
다. 너는 왜 죽었어? 고참들이 괴롭혀서 화장실에
서 목을 매었어요. 죽고 나니 후회스럽고 외로워
서 이상병하고 같이 다니려고 그랬어요. 귀신의
말이라도 불쌍하였다. 선생님이 성황을 풀어 할아
버지 할머니하고 편안히 살게 해줄게. 더 이상 이
상병한테 오지 마. 선생님 고맙습니다. 인사를 정
중히 하고 나갔다. 부산 제자가 지리산으로 들어
가 성황을 풀고 나니 제가집이 군에 있는 아들 한

테 엄마 나 이제 괜찮다고 씩씩한 목소리로 연락이
오고 대대장님한테도 이상병이 제 정신으로 돌아
와 군생활 충실히 하고 있다고 연락이 왔다며 제자
를 찾아와 아들 살려줘서 고맙다고 법당에 들어가
신령님 전에 수없이 절을 했다고 했다. 후로 열심
히 다니며 정성을 드린다고 제자도 힘이 나고 마음
이 뿌듯하다고 했다。 보는 바와 같이 제자 몸에 계
신 호구별상장군님과 천하장군님은 천지팔양경을
듣고 힘을 얻어 일(굿)할 때 제가집 가족에 감겨있
는 귀신은 우리나라뿐 아니라 외국까지라도 쫓아

가 귀신을 잡아다가 제자 몸에 접신하여 귀신이 하는 말과 행동을 그대로 보여주고 쳐낸다. 이것이 '신의 세계 현실', 이다. 일반사람들이 말하기를 가족 중에 목매어 자살한 사람이 있다던가 약 먹고 자살한 사람이 있으면 꼭 그 집안에는 또 그런 사람이 나온다고 이것은 집안 내력이라고 했다. 신의 세계를 알고 보면 목매어 죽은 사람이나 약 먹고 자살한 사람은 저승의 지옥에 떨어져 엄중한 벌을 받고 있다. 너무 고통스러우니까 육신은 묶여있지만 영혼은 가족들한테 접신하여 지옥에서 풀어 달라고 원정을 하다가 안 들어 주니까 본인들처럼 죽게 마음을 움직인다. 이와 같은 저승의 현실을 모르는 일반인들은 그 집안 내력이라고 밖에 볼 수 없는 것이다.

사례에서 보는 바와 같이 저승 세계 현실은 무속인들이 상상조차 할 수 없는 일들이 많다. 여러 가지 사례를 통해 경문의 중요성과 신령님들이 하시는 역할 법사선생과 제자가 하는 일이 무엇인지를 무속세계에 알려 우리 무속인들이 저승 세계 현실을 보고 다스릴 수 있는 똑똑한 제자로 성장하여 일반인들로부터 인정받고 존경받는 제자가 되었으면 하는 바람이다. 처음부터 끝까지 설명한 '신의 세계 현실,'을 직접 체험해 보시고 조금이라도 거짓이 있다면 백배 천배 배상해 드리겠습니다. 궁금한 부분이 있으면 부담갖지 마시고 언제든지 연락하시면 성심을 다해 상담해 드리겠습니다.

● 대감 모셔 주는 법

자손들 바람을 일으키는 조상님은 위의 3대 할아버지시다. 신으로 불리지는 못하고 사업대감으로

418

오셔서 자손들이 하는 일을 도와주려고 하는데 자손들이 찾아주지 않으니까 찾아달라고 자손들이 하는 일을 안 되도록 방해하신다. 반면에 사업대감으로 모시면 자손들이 하는 일이 잘 되도록 도와주신다.

조상님을 천도하고 대감 모실 사람에게 대감복을 입혀 신장을 잡히고 해원경을 하면 조상님이 오셔서 강을 내리고 춤을 추기도 한다. 또 말씀하시는 분도 있다. 마음껏 놀려주고 대감상자에 대감복을 넣어 장농위에 올려놓고 상자 뚜껑을 조금 열어 놓는다. 어려운 일이 있으면 대감님한테 도와달라고

419

고하면 일이 잘 풀리도록 도와주신다. 불사단지는 시댁 2대 할머니를 뜻한다. 쉽게 말하면 여자가 집안에 바람을 일으키면 위의 3대 할아버 시아버지한테 쫓겨나기 밖에 더 하겠는가? 참고하시기 바랍니다.

◉ 고사

고사는 가게를 개업하거나 장사가 안될 때 기계가 돌아가는 공장 터고사를 지낸다. 가게에 귀신이 눌러 있으면 장사가 잘 안 된다. 또 기계가 돌아가는 공장에도 귀신이 있으면 기계가 자주 고장난다. 귀신의 조화다. 때문에 귀신을 쳐내기 위해서 고사를 지낸다. 육계주 부정경 제가집 거주성명 지팔양경을 하면 제자 몸에 계신 호구별상장군님과 천하장군님이 귀신을 잡아다가 제자 몸에 접신하여 대변하고 쳐낸다.

사례 2011년 부산 제자의 언니가 노래방을 개업하여 터고사를 지낸다고 해서 부산에 내려갔다. 여러 사람이 영업하다가 망해 나간 자리라고 했다.

제자들을 합장시켜 앉혀놓고 고사를 지내는데 천지팔양경을 하니까 부산 제자에게 누가 접신하여 울고 있었다. 너는 누구냐? 하고 호통을 치니까 자기 집주소와 이름을 대며 술 먹으러 왔다가 깡패들과 싸우다가 맞아 죽었다고 했다. 말을 들어보니 너무 불쌍하여 선생님이 성황에 가서 풀어 줄테니까 할아버지 할머니 손잡고 좋은 곳으로 가라고 달래주니까 선생님 고맙습니다 하며 인사를 하고 나갔다. 천지팔양경을 계속하니까 또 다른 귀신이 접신하여 울고 있기에 너는 또 누구냐? 하고 호통을 치니까 자기 집주소와 이름을 대며 역시 술 먹으러 왔다가 깡패들과 싸우다가 맞아 죽었다고 억울한 마음을 어쩔 줄 몰라 했다. 그래서 떠나지 않고 오는 손님들을 들어오지 못하도록 문 앞에서 막고 있었다고 했다. 손님이 없으니 망할 수밖에 없다. 부산 제자가 청춘에 간 두 사람을 성황을 풀어 할아버지 할머니 손잡고 좋은 곳으로 보내주니 언니는 영업이 너무 잘 된다고 했다. 보는 바와 같이 터고사도 어느 굿 못지않게 중요하다.

● 삼재풀이

삼재는 드는 해부터 나가는 해까지 정월달에 풀어주는데 제자 법당에서 하면 안 되고 몇 사람을 모아 법사 선생을 모시고 산신에 가서 산신님 전에 인사하고 각자 삼재경을 하고 천지팔양경을 해주면 좋다. 조그마한 치성이라도 제자들 법당에서 하면 안 되고 조상님들은 산신에 지배를 받기 때문에 꼭 산신에 가서 빌어주어야 한다.

사바세계 남선부조 해동조선 대한민국 모도 모시

모동 ○○A101동202호 모생 홍길동

나무천관조신 갑자생 홍길동 삼재일시소멸

나무지관조신 갑자생 홍길동 삼재일시소멸

나무수관조신 갑자생 홍길동 삼재일시소멸

나무화관조신 갑자생 홍길동 삼재일시소멸

나무년관조신 갑자생 홍길동 삼재일시소멸

나무월관조신 갑자생 홍길동 삼재일시소멸

나무일관조신 갑자생 홍길동 삼재일시소멸

나무시관조신 갑자생 홍길동 삼재일시소멸

나무년월일시관조신 갑자생 홍길동 삼재일시소멸

각 개인마다 삼재상을 차려놓고 삼재경을 하고 천지팔양경을 한 다음 생년월일과 성명을 써서 대수대명으로 묶은 북어를 던져 머리가 밖으로 나가면 끝난다.

● 신제자 테스트

제자가 되어야 할 사람은 몸은 아프지만 병명이 없다. 또 꿈을 꾸면 맞는다. 금전으로 치고 자식들까지도 되는 일이 없다. 또 가족 중에 무속인을 하고 있어도 신을 제대로 받지 않아 온가족이 신의 풍파

426

를 겪는 것이다.

테스트 방법

산신에 주과포를 간단하게 차려놓고 눈 감고 합장 시켜 앉혀놓고 시댁과 친정 조상님들께 제자의 길을 갈테니 할아버지 할머니 살려주세요 하고 속으로 빌라고 하고 법사선생은 모씨가중 조상님(시댁) 모씨가중 조상님(친정) 자손이 조상신령님들을 받들어 제자의 길을 가겠다고 산신님 전에 고하고 있습니다. 양위불이 조상님 자손을 제자 삼으시려면 자손한테 오셔서 강이라도 내리시고 화경으로라도 보여주세요. 인간은 보지 않고 느낌이 없으면 믿지 않습니다 하니 제자 삼으시려면 강을 내려보세요 하고 육계주 부정경 천지팔양경을 하고 아무런 반응이 없으면 해원경을 한다. 아무런 반응이 없다고 실망할 필요는 없다. 아무런 반응을 보이지 않는 것은 이유가 있기 때문이다. 현재 무속인을 하고 있는 사람도 많이 추들여 보았지만 아무 반응을 보이지 않는 사람도 많았다. 조상님들이 화가 나시면 움직이지 않기 때문에 아무런 반

428

응을 보이지 않는다. 내림굿을 하면서 조상신령님 전에 수없이 백팔배를 올리며 용서를 빌면 조상님 들 마음이 풀려 보여주신다.

사례 2009년 의정부 무속인 6년.

이 무속인은 친정엄마가 객사를 했다고 한다. 다른 무속인들이 친정엄마는 객사해서 못 오신다고 했다고 한다. 그런데 기도가면 친정엄마가 오셔서 많이 우신다고 했다. 그때마다 엄마는 객사해서 못 오신데 엄마는 가셔야 돼 하며 친정엄마를 밀어

냈다고 한다. 손님이 오면 친정엄마가 점 봐주는 줄도 모르고 엄마는 못 오신다고 가시라고 했으니 친정엄마가 얼마나 괘씸하겠는가? 친정엄마 마음이 풀리지 않아 내림굿을 하는데 2박3일 동안 백 팔배를 25번을 했다. 내림굿을 마치고 바로 성황에 들어가 친정엄마를 풀어드렸다.

● 무속세계의 굿

현재 무속인들이 하고 있는 굿은 이북타살굿 한양 선거리 충청도 전라도 앉은거리 굿하는 풍습도 각

지방마다 조금씩 다르다. 그러나 '신의 세계 현실', 을 알고 보면 무속인들이 하는 일(굿)은 동일할 수밖에 없다. 무속인들이 일(굿)을 할때 준비는 제자가 하지만 제자 몸에 계신 신령님들이 법사 선생의 경문을 듣고 '신의 세계 현실', 을 보고 제가집 조상님들과 대화도 하고 직접 제자한테 오셔서 자손들한테 말씀도 하시고 제가집 몸에 감겨있는 귀신도 잡아내어 귀신이 하는 말과 행동을 그대로 대변하고 쳐내는 것을 제자 몸에 계신 신령님들이 하시는 역할이다. 이와 같이 무속인들은 저승을 대변하는 사람들이다. 신령으로 오시는 조상님과 조상님이 받고 오시는 신령의 명패 또 신령님들이 하시는 역할이 동일하다. 각 지방마다 사람이 살아가는 풍습은 조금씩 다르지만 무속인들이 저승세계를 다스리는 굿은 다를 수 없다. 이제는 형식적으로 눈으로 보여주는 굿이 아니라 '신의 세계 현실', 을 보고 조상님들이 어려움을 겪고 계시는 모습을 그대로 대변하여 자손들한테 보여주고 제가집 몸에 감겨있는 귀신도 잡아내어 귀신이 하는 말과 행동을 그대로 대변하여 제가집이 실감할

432

수 있는 굿을 해야 한다. 이처럼 굿을 하려면 앞에
서 보는 내림굿과 같이 신을 제대로 받아야 제자
몸에 계신 신령님들이 법사선생의 경문을 듣고, '신
의 세계 현실,'을 보고 다스린다. 이와 같이 굿을
하여 제가집이 덕을 보아야 제자가 이름이 난다. 사
람은 죽어서 저승에 가면 산신의 지배를 받는다. 때
문에 이장을 잘 못하면 산신벌전으로 자손들이 죽
고 집안이 망한다. 산신은 사람을 죽이기도 하고
살리기도 한다. 때문에 무속인들이 굿을 할 때는
먼저 산신에 제물과 통돼지를 바치고, 제가집 조

433

상님들 산신벌전 칠성절전을 풀어달라고 산신축원을 하면 산신에서 통돼지를 받았으니 제가집 조상님들 산신벌전 칠성벌전 풀어주시고 자손들을 도와줄 수 있는 힘을 실어주신다. 때문에 모든 일을 할 때는 먼저 산신에 고해야 한다. 방으로 들어와서 신장봉청과 사람 살고 있는 터에 사중팔신도 천지신명이다. 사람은 터에서 밀어내면 살지 못하고 망한다. 그래서 사중팔신 터를 위해주는 가택축원을 잘해야 한다. 굿을 하는 제가집들은 옛날부터 조상님들이 천지신명님께 공을 들인 양반댁 자손

434

들이라서 귀신들이 많이 감겨있다. 제가집과 제자들을 앉혀놓고 천지팔양경을 하면 제자 몸에 계신 호구별상장군님과 천하장군님이 경문을 듣고 힘을 내어 제가집 몸에 감겨있는 귀신을 잡아내어 귀신이 하는 말과 행동을 그대로 대변하고 쳐낸다.

그러나 천지팔양경을 하지 않으면 귀신도 장군님들도 움직이지 않기 때문에 본인 행동만 이상할 뿐 아무도 모른다.

사례 2015년 부산 제자가 일을 맡아 계룡산 천

435

임굿당에서 굿을 하는데 가택축원을 마치고 제가
집과 제자들을 앉혀놓고 천지팔양경을 하는데 부
산 제자가 제가집 대주 몸에 감겨있는 귀신을 잡
아 제자가 제가집 대주 몸에 접신하여 갑자기 제가집 대주 떡살
을 잡고 대주 이름을 부르고 본인 이름을 대며 너
나 알지? 대주가 그래 알아. 나 너하고 같이 다니
려고 했는데 쫓아낸다고 대주 떡살을 잡고 행패를
부리니까 다른 제자들이 달려들어 아무리 떼어 놓
으려고 해도 손을 놓지 않아 옥추경을 했더니 귀신
이 힘이 빠져 손을 놓았다. 선생이 성황을 풀어 할

436

아버지 할머니 손잡고 좋은 곳으로 가서 편히 살게 해줄게. 친구한테 오지 마 하고 달래주었더니 선생님 고맙습니다. 인사하고 나갔다. 제가 집 대주한테 사연을 들어보았다. 죽은 친구가 자기머리가 돌보다 단단하다며 돌에다 머리를 찧고 쇠에 다가 도 머리를 찧고 하다가 결국은 죽었다는 것이다. 부인이 말을 이어 제 남편도 술만 먹으면 돌에다 머리를 찧고 쇠에다 머리를 찧고 해서 걱정을 많이 했다고 한다. 대주 마음으로 한 짓이 아니고 죽은 친구가 몸에 붙어 있어 그렇게 해서 죽게 하여 같이 다니려고 시켜서 한 짓인데 이제 보냈으니 걱정 안 해도 됩니다 하고 안심시켰다. 보는 것처럼 굿을 해도 천지팔양경을 하지 않고 귀신을 잡아내지 않았으면 제가집 대주는 언제 어떤 변을 당할지 모른다. 또 천지팔양경을 한다 해도 제자들이 신을 제대로 받지 않았으면 '신의 세계 현실'을 보지 못했기 때문에 실제상황을 대변하여 제가집에 보여주지 못했을 것이다. 죽은 친구는 일이 끝나면 부산 제자가 옷과 제물을 준비하여 성황에 들어가 제물을 차려놓고 기도하면 제자 몸에 계신 남자 신

438

령님들이 교대로 성황대신께 제가집 대주 친구 지옥에서 풀어달라고 기도하신다. 죽은 친구를 할아버지 할머니는 오셔서 기다리고 계시다가 손자가 풀려나오면 손잡고 데리고 가시는 모습까지 보아야 성황기도는 끝난다. 이렇게 성황을 풀어서 보내주지 않으면 제가집 대주한테 다시 들어간다.

끝으로 조상해원경은 조상님들 맺힌 한을 풀어드리는 것이 해원경이다. 해원경을 하면 조상님들은 제자들 몸을 빌려 울음으로 맺힌 마음을 풀으시기 때문에 해원경을 많이 해야 한다. 해원경을 마치

439

고 조상옷을 잡으면 조상님이 제자한테 오셔서 자손들한테 하시고 싶은 말씀을 다하시고 가시면 사자축귀경으로 내전을 치고 굿을 끝낸다. 무속인들이 하는 굿은 자손들이 조상님들을 찾아드려 공줄을 이어주는 일이기 때문에 지방이 다르다고 해서 굿을 다르게 할 수는 없는 것이다. 이제는 무속세계도 질서를 잡아 법사선생은 경문으로 저승 세계를 다스리고 제자는 신을 제대로 받아 '신의 세계 현실, 을 보고 그대로 대변해 주는 굿을 해야 인정받고 존경받는 무속인들이 될 것이다. 살아있는

440

사람을 구제하려면 저승에서 고통 받는 분들을 먼저 구제해야 한다. 재혼한 남자가 굿을 할 때 부인이 처녀로 왔으면 조상 상을 같이 차려도 되지만 결혼해서 자식 있는 사람은 항상 시댁조상님들이 따라다니기 때문에 친정조상님 상을 옆에다 따로 차려놓고 해야 한다. 또 재혼한 여자가 굿을 할 때는 본 시댁조상님과 친정조상님 상을 같이 차려놓고 해야 한다. 재혼한 남자조상님은 오시지 않는다. 이것이 저승세계의 법도다.

◉ 대감놀이

무속인들이 하는 굿은 병굿도 있지만 대부분 자손들이 조상님을 모셔놓고 공줄을 이어 드리는 잔치를 해드리는 것이다. 이승이나 저승이나 세상이치가 같기 때문에 잔칫집에는 항상 풍악을 울리고 노래와 소리를 하며 흥겹게 노는 것이 잔칫집이다. 때문에 무속인들이 굿을 할 때에도 모든 경문을 끝내고 선생이나 제자들이 판소리나 민요를 불러드리면 조상님들도 좋아하시고 제가집도 좋아한다. 더구나 대감놀이는 대감님들이 제가집 살풀이

442

하는 내용이라서 제가 집이 너무 좋아한다. 호구별

상장군님이나 천하장군님은 보이는 귀신을 다루지

만 불사대감(글문)은 문관의 장군으로 부적을 쓰

시고 액운액살을 막아주고 재수를 주신다. (판소리

에서는 말로 하는 것을 '아니리'라고 한다)

어떤 대감이 내 대감이냐 어떤 대감 불

려를 주시던 내 대감이냐 생겨를 주시던 내 대감

대천바다 물밀듯이 억수장마 퍼붓듯이 재수소원을

이뤄줄제 천상옥경 천존대감 일곱칠성 칠성대감

오악명산 산신대감 산신불사 글문대감 사해용궁에
용궁대감 사업대감 장사대감 선망후망 조상대감
팔만사천 조왕대감 삼만육천 성조대감 오방내외
지신대감 문간대감 건립대감 수문대감도 내 대감

아니리

어허허허허 아 우리 대감님들이 이렇게 왔다.
가시는 길에 모씨가중 일문권속 슬하자손들 액운
액살을 막아주고 갈까? 그냥 갈까? 제가집과 제
자들이 막아주고 가져야지요. 아 여보 기주님 우

444

리 대감님들이 살을 푸는데 맨입으로 할 수 있겠소. 막걸리라도 한 잔 얼큰하게 먹고 풀어야 하니까 기주님 우리 대감님들 술값 좀 줘보슈(제가집이 술값을 준다.) 아 우리 대감님들이 술값도 두둑히 받았으니 살을 풀어줘야지.

천살지살 년월일시살 대소흉악살을 막아낼제 상고흥이 호패살이며 형충극해 육해살과 일백이흑 낙휴살이며 삼학 노모에 도화살 사업 끝에 실패살이며 농사지어 실물살과 천방공방 이별사액 삼

재팔란에 관재구설 춘하추동 사시살이며 상문조객
휴증살과 이주출입 방위살이며 혼인장사 주당살
전생후생 죄악살이며 백년해로 천관살과 부부유별
원진살이며 슬하자손 실패살 순공노공 지공살이며
처부저절 병부살과 조모장군 저주살이며 생일생시
에 부정살 하루이틀 동방살이며 삼사일에 남방살
과 오육일에 서방살이며 칠팔일에는 북방살 음식
왕래 들은살이며 재물왕래 동토살과 진조표백 적
두살이며 자손질병 우환살 소지소멸 시키시고 당
상부모 천수하시고 부부백년 해로하고 동기간에 우

애하고 일가친척이 화목하여 슬하자손이 창성을 하
니 낮이면은 물이 맑고 밤이면은 불을 밝혀 수화가
명량하니 모씨가중에 운이 온다. 남문을 열고 바
루를 치니 계명산천이 밝아온다. 없는 자손은 탄
생을 하고 있는 자손은 수명장수 삼천갑자 동방석
의 긴긴명을 빌어다가 강태공에 선후팔십 백육십
살로 점지하고 공부를 시키거든 대과급제 점지하
고 동서남북을 갈지라도 간 곳마다 몸수주고 간 곳
마다 재수주어 천하갑부 석숭의복을 모씨가중에다
점지를 하니 물복은 흘러들고 쏘내기복은 따라들

고 바람복은 날아들고 구름복은 휘어들고 인업은
서서들고 돼지업은 걸어들고 두꺼비업은 기어들고
쪽제비업은 뛰어들어 사업대성 이루시고 상업대성
이루시어 먹고 남고 쓰고 남아 앞노적에 꽃이 피어
만년안택을 눌러주고 뒷노적에도 꽃이 피어 천년
지덕을 눌러주시니 모씨가중 일문권속이 태평성대
만누리소서
아니리
아 여기 오신 우리 제자님들도 일년내내 가정이 편
안하고 재수대통하게 도와주마 간다.

448

창부타령: 공드라니 부발이요

공드라니 백발이요 면치못할건 죽엄이로다 천황지

황 인왕씨며 요순우탕 문무주공 성덕이 없어 봉했

으면 말잘하는 소빈장이도 육국제왕은 다달랬으나

염라대왕은 못달래여 한번죽엄 을 못면하시고 그

러하신 영웅들이야 죽어사적이라도 있건만은 우리

초로 인생들이야 아차한번 죽어지면 잎이날까 싹

이날까 명사십리 해당화야 꽃진다 잎진다 설워마

라 너는 명년 춘삼월이면 다시피면 보련만은 우리

초로 인생들이야 한번가면 영별이라 얼씨구나 절

449

씨구나 자화자 좋네 아니놀지는 못하리라.

● 무속인이 많은 이유

지금부터 60여년 전만해도 무속인들을 흔하게 볼 수 없었다. 저승의 지옥에서 벌 받는 사람이 없어서 신령이 필요하지 않았기 때문에 옥황상제께서 우리 조상님들을 신령으로 내려 보내지 않았기 때문에 무속인들이 나오지 않은 것이다. 시대가 발전되면서 차도 많아지고 각종 사고로 비명횡사하는 사람들이 많아지면서 무속인들도 많이 나오게 된 것이다. 무속인들이 많이 나온다는 것은 저승의 지옥에서 고통 받는 사람들이 많아 구제할 사람이 많다는 것이다. 사람은 제 명대로 살지 못하고 비명횡사를 하여 저승에 가면 지옥에 떨어져 벌을 받게 된다. 때문에 옥황상제께서 능력 있는 조상님들한테 신령의 명패를 주어 인간 세상에 내려가서 자손을 제자삼아 구제중생 하시라고 해서 인간 세상에 내려오셨기 때문에 무속인들이 나오는 것이다. 이승에 있는 사람을 구제중생 하려면 먼저 저승에서 고통 받는 사람을 먼저 구제해야 한다. 그러나 인간이 어떻게 저승에서 고통 받는 사람을 구제할 수 있겠는가? 신령의 명패 차고 제자 몸으로 들어오신 신령님들이 상황대신께 기도하시어 저승의 지옥에서 고통 받는 사람들을 구제하여 조상님들 손잡고 좋은 곳으로 보내줄 수가 있다. 많은 무속인들이 성황을 풀어준다고는 하지만 그 것은 형식에 불과하다. 때문에 이승을 떠도는 귀신들이 많다. 이승을 떠도는 귀신들은 젊어서 비신들이 많다. 이승을 떠도는 귀신들은 젊어서 비명횡사하여 지옥에서 벌을 받고 있는 사람들이다. 사람도 육신과 영혼이 있듯이 저승세계에도 육신

452

과 영혼이 있다. 육신은 묶여있지만 영혼은 이승에 나와 가족들한테 침책하여 지옥에서 풀어달라고 원정하여 굿을 하고 무속인들이 성황을 풀어준다고는 하지만 신을 제대로 받지 않아 신령이 없어 풀어주지 못하여 이승을 떠돌아 다니는 것이다. 앞으로도 각종 사고로 비명횡사하는 사람이 많아질수록 무속인들도 많이 나오게 될 것이다. 그러나 점만 보는 무속인이 되지 말고 신을 제대로 받아 ‵신의 세계 현실’을 보고 다스릴 수 있는 훌륭한 무속인들이 되었으면 하는 바람이다. 신령에서

453

보는 저승에 계신 분들은 사람으로 보이기 때문에 사람으로 표현을 했다.

● 상문과 주당

무속인들이 초상집에 가면 상문이 든다고 일가친척집에도 사람이 죽으면 가지 않으려고 한다. 귀신을 다루는 무속인들이 귀신을 무서워해서야 어떻게 무속인을 할 수 있겠는가? 그렇다면 잔칫집도 예외는 아니다. 그뿐만 아니라 인간 세상 어디에도 귀신이 없는 곳은 없다. 보이지 않고 따라오지 않을 뿐이다. 무속인들한테 침책하는 귀신들은 젊어서 죽은 사람들이 저승의 지옥에서 고통스러우니까 저승을 대변하는 무속인들한테 침책하여 자기 가족들한테 알려 성황을 풀어달라고 원정하는 것이다. 때문에 무속인들한테 침책한 귀신은 무속인도 알 수 있는 사람이다. 또한 잔칫집에 가서 음식을 잘못 먹어 주당 맞아 죽은 사람도 있다는 말을 들어 본적 있다. 음식을 어떻게 먹어야 잘 먹고 어떻게 먹으면 잘못 먹는 것인가? 주당 맞았다는 사람도 무속인들과 같이 제자가 되어야 할 사람이

기 때문에 젊어서 죽은 사람이 자기 가족들한테 알려 성황을 풀어달라고 침책한 것인데 모르니까 고통을 겪다가 결국은 죽게 된다. 때문에 사람들이 잔칫집에 가서 음식을 잘못 먹으면 주당 맞아 죽는 다는 말을 하는 것이다. 초상집에는 상문, 잔칫집에는 주당이라고 하고있다.

사례 2013년 여름 대전 제자의 딸한테서 갑자기 전화가 왔는데 사연을 들어보니 엄마가 친구 아들 결혼식장에 다녀오시더니 갑자고 춥고 떨린다며 전기매트를 뜨겁게 틀어놓고 이불을 겹겹이 덮어도 춥다며 전기난로까지 켜놓고 난리가 났어요. 빨리 와 보세요. 서둘러 가보니 가관이었다. 이불을 뒤집어쓴 채 옆에서 천지팔양경을 10분정도 했을까? 이불을 걷어차더니 제자 몸에 감겨있는 귀신이 나와 말을 했다. 선생님 오늘 결혼한 사람은 제 아들입니다. 제가 젊은 나이에 죽어 지옥에서 벌을 받고 있습니다. 제 집사람한테 가서 풀어달라고 원정을 해도 제 집사람이 몰라서 그런지 풀어주지 않아서 선생님은 제 집사람 친구잖아요.

457

제 집사람한테 얘기해서 저 좀 성황을 풀어 주라고 얘기 좀 해달라고 선생님을 따라 왔습니다. 잠시라도 힘들게 해서 죄송합니다. 알았어. 마누라한테 풀어주라고 얘기해 줄게. 어서가 하고 달래어 보냈다. 이 제자는 앞에서 봤던 내림굿과 같이 정을 거쳐 신을 제대로 받아 제자 몸에 신령님들이 계시지만 신령님들이 스스로 활약을 하시지 못하고 선생이 천지팔양경을 해야 경문을 듣고 귀신도 움직이고 신령님도 귀신이 하는 말을 대변하신다.

● 계룡산과 닭과 계란

많은 무속인들이 계룡산은 닭 '계', 자를 쓰기 때문에 계룡산에 기도갈 때는 닭이나 계란을 먹으면 막힌다고 큰일 나는 줄 알고 있다.

사례 2009년 제자들 몇 명을 데리고 계룡산 대성굿당에 기도를 갔다. 이 제자들은 각각 무속인 6년, 9년, 10년, 13년 된 무속인들인데 2008년과 2009년에 신내림 연구원을 찾아와 다시 신내림을 한 제자들이다. 제자들이 하나

459

같이 선생님 계룡산에 기도 올 때는 닭이나 계란을 먹고 오면 막힌다고 하던데 정말인가요? 하고 물었다. 신의 세계는 본인들이 직접 체험해 보지 않으면 아무도 알 수 없는 거야. 직접 체험해 봐 하며 통닭을 사다가 실컷 먹여놓고 기도를 시켰다. 제자들이 기도를 끝내고 내려오더니 하나같이 선생님 통닭 먹고 기도하니까 장군님들이 얼마나 힘 있게 기도하시는지 징이 깨졌어요. 무당 된지 10 년이 넘었는데 아무것도 모르는 무당들 말만 듣고 계룡산에 올 때 닭이나 계란을 먹으면 큰일나는 줄

460

알고 있었으니 얼마나 멍청한 사람들인가 보세요.

제자들이 하나같이 선생님 덕분에 좋은 체험했습니다. 선생님 고맙습니다 하며 너무 좋아했다. 계룡산과 닭 계란은 아무 상관이 없다. 아무것도 모르는 무속인들이 사물떠는 것이다.

법사 공부

고장·경문·목청득음 목쓰는법
단가·판소리·일부

무료강습

전문가 김 종 기

무료상담 010-9404-4605

법사공부하시는 제자여러분 경문책은 많이나와 있지만 실제일

(굿) 할때 사용하는 경문은 얼마되지 않습니다. 이 저자도 처음

공부할때는 경문을 많이 외우면 좋은줄 알고 대동경문집을 거이

다 외웠습니다. 그러나 실제 나가서 일 (굿) 을 해보니 사용하는

경문은 얼마 되지 않았습니다. 모르기때문에 헛된 고생만 한것

이지요. 모르면 고생을 하는 법입니다. 그래서 처음 공부하시는

제자 여러분들을 위하여 일 (굿) 하는 순서 어디에서 무슨 경문을

하는지를 자세하게 설명을 해놓았습니다. 경문을 할때는 천지신

명께 공을 드리는 일이기 때문에 열과 성을 다하여야 합니다.

천지팔양경 경문중에 인지애락은 귀신애락이라는 글귀가 있습

니다. 사람이 듣기 좋아야 귀신도 듣기 좋아 한다는 뜻입니다.

때문에 경문을 할때는 힘있고 구성지게 해야합니다. 공부할때

463

주의사항은 욕심을 부려서도 안되고 급한마음을 가져도 안됩니다. 욕심은 금물입니다. 법사공부는 하루 아침에 되는 일이 아닙니다. 처음부터 조금씩 외우다 보면 자신도 모르게 공부가 되어 있을 것입니다. 공부하는 방법은 눈으로 보고 외우려고 하지 마십시요. 한구절씩 입으로 하다보면 자동으로 외워집니다. 눈으로 외우면 쓰기는 하겠지만 입으로는 나오지 않습니다. 즉 녹음테이프는 들어있는데 스피커가 고장난것과 같이. 눈으로 보고 외웠기때문에 머리속에 생각은 나는데 입으로는 나오지 않는 것입니다. 제자 여러분 설명해놓은 경문만 공부하시면 훌륭한 법사선생이 될수 있습니다. 열심히 공부하여 신령·조상·잡신들을 마음대로 다스리고 앞에서 본 내림굿을 하여 올바른 제자를 내어 똑똑한 제자로 키워 저승세계 현실을 보고 다스리며 대변하

464

는 무속세계로 이끌어 주시기 바랍니다.

송경법사 김종기

◉ 초경

설범송경자 절수좌개하고 엄정의관하여 고치연흠 후에 낭송을 실물경반하여 무죄단속으로 소원으로 독축을 하오니 신령님들은 감응강신을 하옵소서。

◉ 육계주 (태을보신경으로도 사용한다。)

정심신주왈

태상태성 응변무정 구사박매 보명호신 지혜명정 심신안녕 삼혼영구 백무삼경 급급여률령 사바하

정구신주 왈

단주구신 토예제분 설신정륜 통명양신 라천지신

각사후신 후신후분 기신인진 심신단원 영아통진

사신년액 도기장존 급급여률령 사바하

정신신주 왈

영보천존 안위신령 제자혼백 오장현명 천룡백호

대장분륜 주작현무 신위오신 급급여률령 사바하

안토지신신주 왈

원시안진 보고만령 악독진관 토지지령 좌사후직

부득망경 회향정도 내외숙청 각안방위 비수단정

태상유명 수포사정 호법신왕 보위송경 귀의대도

원형이정 급급여률령 사바하

정천지혜예주왈

천지정명 예기분산 동중현허 항랑태원 팔방위신

사아자연 영보부명 보고구천 건나답나 동강태현

참요박사 도귀만천 산중신주 원고욕문 지송일편

곽병연년 안행오악 팔해지문 마왕속수 시위아언

흉예소탕 도기장존 급급여률령 사바하

개경혼주왈

천왕천왕 보위십방 무도불응 무구불량 양양온음

만고수강 순오자영 역오자망 옥문보존 송지길창

사명수호 부득은장 구천보화 옥천진왕 급급여률령

사바하

◉ 부정경

천하부정 지하부정 원가부정 근가부정 대문부정

중문부정 개견부정 우마부정 금석부정 수화부정

토석부정 인물부정 오방부정 사해부정 침구부정

측거부정 조정부정 방청부정 년월일시사부정 동방

에 청제부정 남방에 적제부정 서방에 백제부정 북

방에 흑제부정 중앙황제부정 쇠를 달아 금부정 나무를 달아 목부정 물을 달아 화부정 흙을 달아서 토부정 금목수화토 오행부정 천상부정소멸 지하부정소멸 원가부정소멸 근가부정소멸 대문부정소멸 중문부정소멸 개견우마부정소멸 금석수화부정소멸 토석인물부정소멸 오방사해부정소멸 침구측거조정방청 내외부정소멸 년월일시사부정소멸 정칠월인신 이팔월황천 삼구월천라사시월지망 오지월수중육납월 십왕부정소멸 산수생활부정소멸 종종부정속거천리 금금만리옴 급급

● 제가집 거주성명

사바세계 남선부조 해동조선 대한민국 서울시 종로구 혜화동 18번지 뉴코아 아파트 101동 1143호 ○○생 ○씨 건명대주○○생 모씨 곤명기주 장남자손 신유생 ○○ 2남자손 ○○생 ○○○ 일문권속 슬하자손 가네제절 안과태평 하옵기로 금일금시 이정성을 발원을 하오나니 모씨대주 일문권속 슬하자손 사업길을 나거들랑 사

업대성 이루시고 상업길을 나거들랑 상업대성 이
루시고 직장길을 나거들랑 승급승진을 점지를 하
소서. 운전자는 무사고요 무자자는 탄생을 시키
시고 있는 자손은 수명장수 발원하여 복장수로
복을줄제 모씨에도 대한가중 명당으로 좌우본
향 조상영신 의논하고 공론하여 천금자손 살려시
고 만금자손 실리실제 썩은 손목 마주잡고 삼십
삼천에 침치올라 이십팔수 태을단을 더덩실이 높
이 쌓고 향로향합 불갖추고 초대한쌍을 벌여놓고
소지한장 받쳐든후 비나이다 비나이다 칠성님전

비나이다 산신님전 비나이다 사중팔신전에 비나
이다 천금같은 모씨대주 일문권속 슬하자손 굽어
살펴주옵소서.

우리 조상님들은 인간 세상에 산신님의 지배를 받
기 때문에 팔도명산 산왕대신께 고한다. 산왕대신
산왕신 팔도명산 산왕대신 강원도 금강산 일만이
천봉 금강산 산왕대신 오대산 산왕대신님들은 하
위동심을 하시고 모씨가중 조상님 산신벌전을 풀
으시고 모씨가중의 자손들은 사대강건 근육청정
자손창성 부귀영화 심중의 소원성취를 점지를 하

473

옵소서.

경기도 인왕산 산왕대신 북한산 산왕대신 삼각산
산왕대신님들도 하위동심을 하시고 모씨가중의 조
상님 산신벌전을 풀으시고 모씨가중의 자손들은
사대강건 근육청정 자손창성 부귀영화 심중의 소
원성취를 점지를 하옵소서.

경상도라 태백산 산왕대신 팔공산 산왕대신 본주
본향 산왕대신님들도 하위동심을 하시고 모씨가중
의 조상님 산신벌전을 풀으시고 모씨가중의 자손
들은 사대강건 근육청정 자손창성 부귀영화 심중

의 소원성취를 점지를 하옵소서.

충청도 계룡산 산왕대신 아미산 산왕대신 칠갑산

산왕대신님들도 하위동심을 하시고 모씨가중의 조

상님 산신벌전을 풀으시고 모씨가중의 자손들은

사대강건 근육청정 자손창성 부귀영화 심중의 소

원성취를 점지를 하옵소서.

사대강건 근육청정 자손창성 부귀영화 심중의 소

전라도 지리산 산왕대신 무등산 산왕대신 모악산

산왕대신님들도 하위동심을 하시고 모씨가중의 조

상님 산신벌전을 풀으시고 모씨가중의 자손들은

사대강건 근육청정 자손창성 부귀영화 심중의 소

원성취를 점지를 하옵소서.

제자들을 합장시켜 뒤에 앉혀놓고 산신축원을 하면 제가집 조상님들이 제자 몸을 빌려 조상님들 산신벌전을 풀어주신다고 선생한테도 절을 하시고 산신님 전에 절을 하고 앉아서 빌고 계시는 조상님들도 많이 보았다. 그뿐 아니라 저승에서 조상님들이 어려움을 겪고 계시는 모습을 제자 몸을 빌려 자손들한테 보여주기도 한다.

● 산신축원

천개에다 어자를 하시니 천황씨가 나계시고 지개
에다가 축을 하니 지황씨가 나계시고 일월성을 밝
혔기로 천신에 상제가 나계시고 강산에다가 주목
을 주장키로 산신용왕 나계시고 인생에다가 인을
하니 인황씨가 나계시고 삼강오륜을 마련하여 유
왈유소씨가 나계시고 구목위소하여 창목이 실하
여 집짓는 법을 마련하나 삼만육천 성조대신이 나
계시고 고인화식을 마련할제 팔만사천 제대 조왕
대신이 나계시고 농사법을 마련하니 염제에 신농

477

씨 나계시고 이칠이 성도되어 육정육갑이 마련되

고 갑을병정무기경신임계는 천간으로 나계시고 삼

팔이 성도되어 지제를 마련을 하시니 자축인묘진

사오미신유술해는 십이지간법을 마련을 하시고 동

과서를 마련하여 가택제왕 나계시고 사구가 성도

되고 오칠이 성도되어 이십사만 신령님들이 나계

시고 칠칠이 성도되어 사십사만 십이신장이 나계

시고 팔팔이 성도되어 천문지리가 나계시고 건차

건병곤열은 방방에다 진열을 하여 선천수후천수가

마련되니 일년사사일을 마련하니 삼백팔십사일을

동서남북으로 수정을 하시고 전후에 고양씨 나계
시고 금목수화토 마련하여 오방신장 나계시고 음
양법을 판단하여 생활인의 사활규를 마련하니 천
지신명 사중팔신 십이정신 가중육신 안토지신 숨
은대장 동네당산 성조조상 어찌일체감응을 감응을
아니하오리까 지성이면 감천이요 지렴이면 감신이
로다。 옛날에 광태중의 노나라 수팽열은 사천년전
에 무자력으로 일자혈육이 바이없어 안씨부인과
더불어서 이구산을 들어가서 황토로 부정을 하고
칠성단을 모아놓고 산신전에 비는 말이 선망조상

479

후망조상 선망부모후망부모 누대종친형제백숙 자
매혼신을 불러다가 해원혼신 풀어내니 그 효성도
지극하고 그 정성이 지극하여 환귀본가를 하였더
니 그 달부터 수태하여 만고성현의 공자님을 낳셨
으니 그도정성이 아니릿까 그뿐만아니라 진나라에
맹자님도 명산대천에 빌어낳고 만고성현의 공부자
도 무성산에 빌어 낳고 경나라경치상도 이구산에
빌어 낳고 삼국시절에 제갈량은 남병산을 들어가
서 백일산제 올릴적에 선망조상 후망조상 선망부
보 후망부모 누대종친 형제백숙 자매혼신을 불러

다가 해원혼신 풀어내니 그 효성도 지극하여 그 정
성이 지극하여 구천지상에 현달대아 천존님도 감
동을 하옵시고 우주지하 신령님이 감응을 하시어
동시월갑자일에 때아닌 동남풍을 빌었으니 그 도
정성이 아니릿까. 그뿐만 아니어 우리나라 이태조
가 명산대천을 들어가서 백일산제 올릴적에 선망
조상 후망조상 선망부모 후망부모 세상인간 출생
되어 타고난 명을 못다살고 타고난 복을 못다먹고
원명대로 못다살고 황천객이 되어가신 좌우조상
모셔다가 사자원혼도 풀어내고 죽은원도 풀어내니

그 효성도 지극하고 그 정성이 지극하여 환귀본가를 하여 조선국왕이 되어 오백년의 사직을 안보를 하였으니 그도 정성이 아니릿까. 옛말에 이르기를 공을 빌어서 신이나고 신을 빌어서 령이 나고 령을 빌어서 락이나고 락을 빌어 소원하니 지성이면 감천이요 지렴이면 감신이로다. 하늘이 아무리 놉다 하여도 천신이 먼저 감동을 하시고 땅이 나고 두텁다 하므로도 초복과 금수성이 화생하고 인간의 곤락과 금망성쇠를 나타내는데 금일정성제자가 이정성을 드리올적 어찌 신령님들이 감동치 아니하오릿

까. 옛날에 강석궁의 구국선생은 칠년대한 가문날
에 거의다 죽게되어 벗어날길이 바이없어 하루는
장씨부인이 남병산을 들어가서 황토로 부정을 하
고 삼십삼천 명산을 찾아가 명과수를 빌어다가 천
존당에 받쳐놓고 지성기복 발원하여 대국주천자
살렸으니 그도 정성이 아니릿까. 옛날에 삼천갑자
동방석은 일곱 살이 정명인데 천기대요를 관찰하
여 재석단을 모아놓고 칠성전에 명을 빌어서 금물
왕석궁의 짧은 명을 잇어내고 긴긴명을 사려담아
동방석이 명을 빌어 삼천갑자나 살았으니 그도 정

성이 아니릿까. 옛날에 대성인의 정성이나 차소인

간들 우리같은 소인의 정성이 옛날성현정성과 같

으오리까마는 동곡일체로 하옵시고 만고성현의 많

은 공부자는 차소인간들을 노나라에 점지를 하시

고 인의예지법을 가르치시고 만고승란의 지성발원

을 하오니 금일정성은 다름이 아니오라. 모씨가중

정성제자 소원성취를 받자하고 일문권속이 자손들

이며 일심을 봉청을 하여 천지가 개착하고 옥추만

물이 자생하고 오옥구백 칠십이년간에 인물이 자

생하고 귀신이 분분하고 귀신이 간사하고 귀신이

하사하고 귀신이 여사지법에 유난고로 인구작난

잡하여 장수자가 단명이 되고 무액이 유액하니 인

다는 질병하고 인다는 실패하고 인다는 객사하고

인다가 누친구이드니 광명이 우수하기로 석가세존

이 탄생을 하사 서역불법을 의제불통키로 서역불

법을 대문대문 송경법사 연송을 하나이다. 주역에

도 제사편이 서천제삼십팔편에 옹호축사경을 대문

대문 연송을 하나이다. 송경하는 차경법사 원지를

불문하고 합천 해인사를 들어가서 팔만대장경을

외어내어 이차가중 이명당을 찾아와서 허다한 경

485

문이며 허다한 축원이며 경문차경을 연송을 하나

이다. 금일정성 일문권속 병든인생을 건지시고 가

중액을 소멸을 하시고 심중소원 받자하고 이 정성

이 되었는데 도탄중에 들어서서 벗어나길 바이없

는 초로같은 인생이요 한시바삐 건져다가 구제중

생 왕제창생을 시기시고 암중은 득광하고 사중에

다가 득성하고 태중에는 득생하고 옥중은 득출하

여 병중에는 득차하여 전제봉생 심의득심 심중소

원을 하옵소서.

제자가 방울부채를 들고 춤을 추면 도당 산신님을

제자 산신약명도사님이 대행하시어 말씀을 하시고 고를 풀면 제가집 시댁 3대 할아버지나 3대 할머니가 오셔서 자손한테 말씀을 하신 다음 돼지 사슬을 세우고 끝난다.

산제만 할 때 (산신축원에 이어서 한다.)

사중팔신 십이정신 가중육신 안토지신 숨은대장 동네당산 성조조상 어찌 무심타 하오릿까. 옛날 대성인 이르신 말씀 좌우신도 신령님네 무심타 하오릿까. 유불은 천하라 지도라는 대궁전이라는 고

487

로 권속들 천지신명 하위 받아서 금일이정성을 발
원을 하나이다. 일체감응을 하시고 정신들은 녹
을 받고 사신들은 광광벌을 받고 좌우신도 신령님
네 무광무심타 말으시고 최고로 대사관에 대길하
고 간상년에 줄 맞추어 상길성 중길성 하길성 오륜
길성 안택일로 일상생기 이중천의 삼하절체 사중
유혼 오중화해 육중복덕 칠하절명 팔중귀혼 천지
일월 감동일이요 지하로는 오복일 대주로는 생기
일 기주로는 복덕일 부모님께 안녕일 자손으로는
창성일 남생기 여복덕 남복덕 사중팔신 안

중팔신 선망후망은 극락일 사천일을 가려다가 금

일 금시 이정성을 하올적에 이차가중 가문은 낮이

되면 종장걸음 밤이되면 만물짐승 울고가는 잠을

사려담아 나무 동서남북 사해팔방 오방으로 다니

면서 홍동백시루 좌우로 진설을 할제 나무동방 청

의세계 청사초롱에 불을 밝혀 청룡대상에 모셔다

가 나무남방 적의세계 적사초롱에 불을 밝혀 적룡

대상에 모셔놓고 나무서방 백의주세계 백사초롱에

불을 밝혀 백룡대상에 모셔놓고 나무북방 흑의주

세계 흑사백년 흑초꽂아 흑룡대상에 모셔다가 나

무 중앙 황의주세계 황사초롱에 불을 밝혀 황룡대
상에 모셔놓으니 천상에 은하수 지하로는 오복수
오방용수 부모녹수명수 복수를 빌어다가 금일 피
백을 정행하여 청산유수 맑은 물 상황에 머리목욕
중탕에 허리목욕 하탕에 수족 씻고 신농씨를 들어
가서 옥당미를 빌어다가 정수좋은 물로 뫼를 지어
상공양 중공양 하공양 갖은 반찬 만반진진수로 감응
을 하시고 상하의복 머리손발 증수하고 가진향불
피워놓고 없는 금전 주선하여 이 정성을 비나이다。
제일전 칠성님전 발원하고 제이전 산신님전 발원

이요 제삼전 사중팔신전에 발원을 하나이다。금
일정성 문일권속 복중일심 먹음 마음 춘설같이 풀
으시고 심중소원 먹은마음 백설같이 풀으시고 사
대곡심 먹은마음 대사소원 성취를 하소서 이차가
중 이명당은 이정성을 발원하고 년운맞고 시운맞
어 무자자는 탄생을 시키시고 있는 자손은 수명장
수 발원하여 만대라도 유전하고 태산같이 맺인정
은 금석같이 맺어다가 험난한 시절이라도 유수같
이 날아오는 삼재팔난 막아내고 가는 복녹은 불러
다가 금당옥당이 명당에 조화천룡 밝혀내고 우백

호 천년세월 인증수 불로초로 개명하고 낮이면 물

이 많고 밤이면 불을 밝혀 수화가 명랑하니 일일소

지 황금출이요 시시개문 만복내라 춘만건곤이 복

만가라 부귀다남에 소원성취를 하옵소사。

불설명당경 (산신축원 끝에 사용한다。)

불성명당신주경 안토지신명당경 여시아문일시불

천황대제수명장 지황대제증복수 인황대제액소제

대범천황오액멸 제석천황관제멸 조왕대제무량복

동방태후복희씨 남방염제신농씨 서방소호금천씨

북방전욱고양씨 중앙황제헌원씨 동방세성안심지

남방화성멸화지 서방금성녹위지 북방수성녹위지

중앙진성장엄지 계도나후별경지 일성월성애호지

탐랑거문창자손 녹즌문곡홍인구 염정무곡성소원

파군대성만여의 칠성구요강림호 이십팔숙환희지

일백이흑만세지 삼백사록의복지 오황육백천재멸

칠적팔백진제물 구자지신득우마 오방장군복록지

금귀대덕칠보지 옥당현무수명장 천룡백호득기전

사명주작현인봉 명당구진복덕지 천뢰천형악퇴산

공조태충의복지 천강태을만창고 승광소길입전지

전송중괴입금은 천괴정명만복진 신후대길입재물

은현신왕상수호 부동안좌금강지 역시여시우여시

천세천세천천세 만세만세만만세 부귀부귀증부귀

즉설주왈 천라주지라주 일월황라주 일체원가

이아신 나무마하반야 바라밀 옴급급여율령사바하

◉ 신장봉청

서역원태 명언국사 은은약수 삼천리로다 수목산천

산신 산왕대신 병건곤은 해탈수신을 하시고 서역

의 정토는 석가세존에 도통채로다. 이무구변 호세

기는 공항이래 신령이라 제천제불 명사문인 인도는 명명하고 신도는 령령하고 불효심충 부자자효 부창부수는 경자왕의 우순풍조 년년낙은 우창자철 난양향이로다. 무아여초 장춘색은 금은옥백 거세 궁인 중국풍을 화염차로다 통일천하 진시황은 아방궁을 놓이짓고 만리장성을 멀리 싸서 육국제후 조공받고 삼천궁녀 지휘하여 영주봉에 불사약 삼신산에 불로초 구할길 바이없어 산록풍경 사구병 태 저믄날에 여산향초뿐이로다. 조나라 조패왕도 대나라때 수금이되어 고국을 못가보고 초혼조 새

가되어 월남조성 반겨듣고 동정추월 달 밝은데 귀

촉도 슬피울며 인간세상이 절로난다. 초나라 근원

이도 귀국충신 하려다가 명라수 깊은 물에 수중고

혼이 되어있고 명나라 조명덕이 십만대군을 거느

리고 통일천하 하려다가 적벽강에 수전중몽 죽었

으니 그도 역시 원명이요 인간가절 다시나와 명산

신령 산왕대신 산신님은 명기명패 받으시고 신도

는 명령하여 은사강림을 하옵시다. 이산도수 성수

원 시방세계 무량수 천존님도 내림하여 금일공사

돌보시고 천지음양 연화세계 옥황상제 내림하여

금일공사 돌보시니 천사들 선관도사도 내림하여

금일공사 돌보시고 금목수화토 오행신 이십팔숙

내림하여 금일공사 돌보소서 지병귀액 애호성은

백마신장 내림하여 금일공사 돌보시고 일월성신

북두칠성 내림하여 금일공사 돌보시고 만물자생

우루주택 내림하여 금일공사를 돌봅시다. 사해수

부 용왕대신 용궁불사 내림하여 금일공사 돌보시

고 팔부오방신장님 금일공사 돌보소서. 인물권속

성조대신 대감성주도 내림하여 금일공사를 돌봅시

다. 백제도사 숨은장군 내림하여 금일공사 도우시

497

고 노중왕래 성황대신 내림하여 금일공사 도우시

고 자손창성 부귀영화 좌우조상 내림하여 금일해

원을 받으시고 천석만석에 거부성 명당신장 내림

하여 금일정성을 받으시오 태후복희 신농황제 요

순우탕 문무주공 정명도 정의천 소강절 곽백선생

주역선생 토정선생 공자신도 대신하여 인화찰찰해

원직 애절하니 이지천지 조화신도 대령하여 금일

공사를 돌보실적 만물이 구구팔십일은 천지기상이

라 팔구야칠십일은 음양지지의 조화로다 만물천천

은 구백구십구야요 차관만만천천 오백오십야로다

동서남북의 계시통은 천상천하 육정육갑 신장님들
축전축지로 조화소원을 하소서. 우장십은 부부지
야요 남표북위는 군신지야요 천생지온은 부모지도
야요 전후좌우 형제지의야요 만물성쇠와 인간지흥
망과 귀신지 변화를 금차강림을 하소서. 천하도사
마의도사 편의도사 한의도사 약사도사 산신도사
신선도사 선관도사 도사신령 축전축지로 조화소원
을 하옵소서 원형은 지원하고 지형은 지방하고 신
록지 귀신지 변화를 사차영가제야신이 육갑육을정
규장군 육병육정진퇴장군 육무육기월한장군 육경

육신일퇴장군 육임육계조물장군 축전축지로 조화
소원을 하소서. 천문지문신령님들은 인간제도명패
차고 조상신으로 내린신장 노성만도 풀으시고 염
란생각 말으시고 비난생각 말으시고 조화소원을
하소서. 충성도 자연이요 효성도 자연이요 정성도
자연사로다 어찌향차 인간으로 부족한 생각 없으
리오마는 동곡일체로 하옵시고 조화소원을 하소
서. 천문은 서개지하고 동은지리하시고 동음남풍
선천 지월이요 후천지리라 종천지도를 하시고 종
지비어하나니 차는음양의 순서로다 축전축지로 조

화 소원을 하시고 춘생지목은 동절로 점지하고 춘

생지후는 화류도부대하니 차는 음양의 순서로다

천년지수는 지소염멸을 하시고 백색지석은 형소영

백을 하나니 육갑육을 장군이면 육병육정장군이면

육무육기장군 육경육신장군 육임육계장군 창실장

군 해파장군 조서장군 넉사장군 박파장군 축전축

지장군 각위신장 내림하여 금일소원을 하소서。

◉ 성조축설경

천지만물이 필소지즉하니 대인은 득록하고 소인

낙음하나니 비상이 불연즉 가택이 불안고로 우고

지평평 가내만병을 소멸을 하시고 백가천재중신이

뇌신하고 상서필수 지적이며 길성이 여의고로 금

일로 택일하여 가감축원을 하오니 복걸가내 사중

팔신 삼만육천 성조대신 감응감신을 아홉소사 천

황씨 시절에는 천애단재를 하였으니 복고로 옥황

상제가 나계시고 지황씨 시절에는 지부에 단재를

하였으니 토지지신 오방토주 지신이 나계시고 인

황씨 시절에는 천애안제 지도상을 하나니 오십삼

불이 나계시고 유소씨 시절에는 구목위소하여 집

짓는법을 마련하니 삼만육천 성조대신이 세출을

하시고 수인씨 시절에는 교인화식을 하였으니 팔

만사천 제대조왕대신이 나계시고 태후복희씨 시절

에는 하도낙서와 구궁팔괘 마련되니 팔대장신이

나계시고 마당에는 마대장군 굴뚝에 굴뚝장신 지

붕위에 용초부인 마구육축 대신이며 춘추에 향담

부인 변소간에 칙신장군 내외문전에 수문대장 토

지지신 명당신장 사중팔신중 입주상량 대길창하니

삼만육천 성조대신 성조판관 십이성조 성조대감

목신성조 화신성조 년에월에 시기성조 포태양생

503

인물성조 신통조화 농사성조 시기변동 장사에 사

업성조 대감이며 동서남북은 출입성조 동방은 목

신성조 남방은 화신성조 서방은 금신성조 북방은

수신성조 중앙에 토신성조 금목수화토 오행성조

세조월관은 복덕성조 음양오행은 만복성조 일월성

조 조림성조 북두칠성은 장유성종 개견육축에 변

화성조 각위성조 제위신 금일강림을 하소서。운영

대감 판관대감 호조대감 이조대감 감고대감 예조

대감 금신대감 목신대감 화신대감 수신대감 토신

대감신장 대감장군 대감령신님들은 금일금시

이차가중 이명당에 감응감동을 하시고 감응내림을 하소서.

● 가택축원

천지만물 조판할제 인간만물 생양되고 일월성신
작분후에 삼황오제 따라나고 은황상탕 대성인들은
선천후천을 배설하고 하도낙서와 주역서 펼친후에
최귀자 인간 인생들을 출생하여 유정무정 얽힌인
생 축병성조 각위성조제위신 금일강림을 하소서.
유정무정 얽힌인생 팔십이 한명이라 건곤이 개벽

후에 명기산천 생겼으며 주미산이 제일이로다 동

악태산 남악화산서악금산 북악형산 중앙은 곤륜산

산악지 조종이요 사해지 근원이로다. 오초는 동남

낙이요 건곤은 일야부로다 만첩청산 운심처에 곤

은초목이 성립나니 녹수청산 길성한데 만학청봉개

지로다 산지조종은 곤륜산 수지조종은 황하수로다

국지조종은 대국이요 인지조종은 순덕수로다 곤륜

산일지맥 떨어져 이리저리 뻗어나와 천하구주를

분별할제 백자연육합이요 산천은 고고하고 세계명

산 되었어라 동악태산의 공자님의 도량이요 천하

506

지중의 낙양땅은 중원에 제일이라 천문을 열으시
고 지리명산을 살피실제 남경은 오천배요 북경은
현천배로다 천태산이 천룡되고 백두산이 백호로다
남병산주작이요 태백산은 현무로다 간룡산맥이 흘
러내려 백두산 생겨있고 우리시조 단군님은 이산
에서 하강하여 평양에다가 도읍하니 그 아니 장하
오며 또 한가지 뻗어나와 천하에 제일승지 금강영
주 방장산 그아니 장하오며 그 산맥이 더 뻗어나
와 오대산을 마련하고 양주땅 달려들어 삼각산 생
겨있고 삼각산이 떨어져서 어정주춤나린줄기 용두

후미 학에 형국이 분명하여 인왕산이 주산이며 종
남산이 안산이며 왕십리 천룡되고 동구만리 백호
로다 봉의동에 터를 닦아 학을 눌러 대궐지니 대궐
안에 이조 호조 예조 병조 형조 공조 육조로다 팔
문장안에 억문가구는 태평성덕이 억만년지 무궁이
로다 각도각읍을 마련할제 평안도는 삼십삼관을
마련하고 함경도는 이십육관 강원도 이십칠관 황
해도는 삼십칠관 경상도는 사십이관 전라도는 사
십사관 충청도는 이십관 경기도 이십이관을 마련
할제 여천지 무궁이로다. 일년에 성읍하고 이년에

성취하니 백성이 안정이로다。 가택이 없을손가 수인씨 찬수생활은 하시고 신농씨 농약법을 마련하여 경전의식을 하시고 채약이 음고로 가급인족 방방곡곡 면면촌촌 성성마다 베푸시든 신령님들 옹호도량 금일공사를 돌봅시다 이동중 돌아들어 제일명당 찾았으니 용반혈이 여기로다 주상봉이 천룡되고 백운산 백호로다 왕생득고장파는 압수구를 막아있고 녹즌문곡 흉길성은 흉악살을 막아내어 만대에 문필봉은 문장제사가 날것이요 노적봉에 고창성은 주성에 숫았으니 부귀다남을 점지를

하소서. 건명곤명 금일정성 지극정성 제자가 생기
복덕 날을받아 천덕월덕 가져다가 입택진사 금일
정성 발원이요.

◉ 성조풀이

만첩청산 들어가 제비원의 본을받아 무지공천 솔
씨받어 부귀명당에 터를닦고 아미보살 밭을갈고
보현보살 씨를뿌려 터주지신 복을주고 용왕대신
물을주니 그솔이 점점 자라나서 황작목이 되었도
다 밤으로 이슬맞고 낮으로는 태양받어 그솔이 점

510

점 자라나서 연자감이 되었도다. 연자감이 점점자
라 대들보감이 되었도다. 들보감이 점점자라 상량
보가 되었도다. 사시장창 자란나무 십리안에 오리
나무 십리밖에 스므나무 아닌 밤중에 잣나무 낮에
보면 밤나무요 춘하추동사시절 발발떠는 사시나
무 달가운데 계수나무 울울청청 송백을 금댁목옥
댁목 은도끼를 둘러메고 금도끼를 갈아차고 무지
공천에 솔찍어서 올라가서 은도끼로 찍어다가 금
도끼로 다듬어서 상가지는 다듬어서 천간에 기둥
이요 가지가지 재껴다가 이모저모 깎어보니 사모

기둥 되었도다. 또한가지 꺾어다가 상가지는 다듬

어서 성조앞에 기둥이요 옆에 가지 꺾어다가 앞뒤

에다 울울막고 서른세명 역꾼들이 뒷동산에 올라

가서 칡덩구리 광대싸리 배를모아 어리둥실 실어

다가 강진바다에다가 띄워놓고 황토섬 복을 받고

두만강에 재배하고 이명당을 찾아올적에 높은산에

허락받고 얕은산에 명덕받어 터주지신에 승낙받

고 부귀명당 터를닦아 이터명당 성조대신 이가옥

을 창건할제 옥동에다가 터를닦고 수천룡의 금부

룡은 천작으로 새겼는데 곤산옥돌 주추놓고 기산

오동 네모집은 오행으로 기둥세고 원형이정에 도
리엎고 육합중기 길러다가 삼합으로 사계를 얹고
산호로 반좌하여 사시장창 화양목을 옥도끼로 찍
어다가 금도끼로 다듬어서 은대패로 살살밀어 생
기복덕 년월세겨 배합하고 용반호기 갈아붙여 응
천상지 삼강 오륜비 인간지 오복수복을 뚜렷이 새
겼는데 연춘세목 구해다가 너시래를 종종매고 인
의예지 예의염치 팔조목으로 연개없고 청기와로
연목걸고 사구금으로 벽바르고 이집지어서 성조
하니 제일명당 여기로다 수명장수 걸어놓고 시루

공양 백미공양 실과공양 야채공양 술공양 향공양
옥수공양 염불공양 성조대신 입택이요 금목수화
토 오행각은 운소에 솟았으니 부귀인의 거처가 분
명하도다 오팔주 마련되니 제석신의 처서로다 안
으로는 복복자요 바깥으로는 목숨수자로다 수복영
창 느린밑에 한일자 집을짓고 기억자로 숙여놓고
주량량은 호박으로 주추놓고 오령집으로 받쳐지을
적 우불구불 평고자로다 구름도리 세자청의 용의
머리 단정하고 주란화각이 반공에 솟았으니 구궁
팔괘 중법식은 터주지신이 전소되고 내외음양 생

긴문은 방위가 뚜렷하여 장춘화기 품었으니 삼강
오륜이 몸이되고 인의예지 가지뻗어 부귀공명 꽃
이피고 자손창성 열매맺어 무량불 노인성은 일백
상수를 정하시고 정원에 전후에는 천상벽도 도리
화며 난초지초 불로초 부귀목단 심어놓고 업노학
이돌아들어 상운서 기모하나니 성조대신 덕이로
다 성조대신 성조판관 축병성조 각위성조 제위신
금일강림을 하소서 금일공사를 돌보시고 이정성을
받읍시다。

515

◉ 팔괘축원

천개는 어자하시니 천일인수가 성지를 하시니 천장이 이백이십 육만리로다 천칠은 변화되시고 지리는 정화성지를 하시니 일월이 나계시고 천구는 경금이요 지사는 신금이 성지를 하시니 성진이 나계시고 북두칠성은 두령이요 삼태육성은 육합이로다 철육낙후에 일육이 성도되어 감중년이 나계시고 삼팔이 성도되어 진하련이 나계시고 이칠이 성도되어 태상절이 나계시고 동서남북을 분지후에 이십팔숙이 열장을 하시고 각항저항 심미귀 갑인

516

갑묘을진이 열장을 하시고 귀로이모 필자삼은 곤
신경유신술이 열장을 하시고 정기유성 장익진은
손사병묘정미에 열장을 하시고 청제장군은 동두칠
성이 하장이요 적제장군은 남두칠성이 하장이요
백제장군은 서두칠성이 하장이요 흑제장군은 북두
칠성이 하장이로다 태양성 태음성 낮상성 계두성
자매성 월태성 삼회이수에 은하수 분명한데 원형
이정은 천도지상이야요 지벽이 어축하여 지륙계수
가 성육을 하시니 지광이 이백이십육만리로다 구
구가 성도되어 간상년이 나계시고 팔팔이 성도되

517

어 곤삼절 나계시고 상극이 성도되어 사계토왕을

마련을 하시니 건삼년이 나계시고 태음태양이 성

도되어 월골양진 손하절이 나계셔 동서남북은 사

위팔괘와 이십사방이 분명한데 십이월장 대소월이

며 이십사절을 마련하옵는데 삼백육십오도 사분적

과년이면 열석달 삼백팔십사일을 동서남북을 수정

을 하시니 억천만물이 생하나 인자는 빈마정이요

인생은 인야며 정야며 진야로다 인행정고로 명왈

이니라 천은지방이 상응하여 두면본귀가 마련되고

일월성이 상응하여 이목구비가 마련되고 오행육갑

상응하여 오장육보를 마련을 하시니 춘하추동 사

시절이 상응하여 사대삭신 육천마디를 마련을 하

시니 인자는 정야며 진야로다 그런고로 만고역대

성현군자께서 삼강오륜을 마련을 하시니 군신유의

부자유친 부부유별 장유유서 붕우유신이 오륜이

요 군유신강 부유자강 부유부강 삼강인데 군사부

가 삼강이 되었으며 천지도 무인이면 무용이요

신령님들도 무인이면 금일유사를 고자

라면 이차가중에 지극정성 있으리까 동서남북의

정하수를 빌어내어 정수좋은물로 뫼를짓고 실과

519

독시루 받쳐놓고 지극정성 발원이요 사중팔신

십이정신 가중육신 안토지신 숨은대장 동네당산

성조조상 제대존신전에 지극정성 발원축사하오

리까 그런고로 천지지간은 만물지중 위인이 즉

이로다 인신이 죄중하여 금일금시 지극정성 소

원성취를 하소서.

여기까지 가택축원은 끝난다. 다음은 천지팔양경

이다. 제가집과 제자들을 앉혀놓고 천지팔양경을

하면 모든 신은 경문에 의해 움직이기 때문에 제자

몸에 계신 호구별상장군님과 천하장군님이 경문을

520

듣고 제가집 몸에 감겨있는 귀신을 잡아내어 제자 몸으로 접신하여 귀신이 하는 말과 행동을 그대로 대변하고 쳐낸다. 제가집 몸에 감겨있던 귀신이 가지 않으려고 제가집 머리채를 잡는다던가 멱살을 잡고 행패부리는 귀신이 많다. 옥추경을 하여 귀신의 힘을 빼놓고 성황을 풀어준다고 달래어 보내야 한다. 젊어서 죽은 사람들이기 때문에 성황을 풀어준다고 하면 선생님 고맙다고 인사하고 간다. 일이 끝나면 제자는 제물과 옷을 준비하여 성황에 들어가 기도하여 풀어주는데 할아버지 할머니 손잡고 가는 것까지 봐야 성황기도는 끝난다。

◉ **조상축원** (조상님들 맺힌 마음을 풀어 드린다)

상세 선망조상 후망조상 선망부모 후망부모 누

대종친 형제백숙 조상영가 금일금야 오셨으니

송경법사 정좌하여 독경발원받으소사 다름이아

니오라 모씨 가중의 모생신이 신수가불길던가

혼신의 작해가분명하니 설경행도 하고보면 경

덕을입히시고 암중은득광하고 사중에다가득성

하고 태중에는득생하고 옥중은 득출하여 병중

에는 득차하여 전제봉생 심의득심 심중소원을
하옵소사 지옥도중 아귀도중 소구함령 일일인
아 만사만성에 저혼령들 이고득락 인도환생 하
신다하옵기로 지성발원을 하나이다 염불자염불
하고 독경자는독경하고 신공자 신공하여 나무
아미타불 모씨가중 조상영가 혼령이라한을말고
고혼이라고원을말고 독경문전에들어와요 잔잔
인석흠양하여 염불법문받읍시다 조상경에원을
풀고 자손남녀지성공덕 제불보살 원력으로 시
방세계 문을열으시고 인로왕보살인도받어 시방

정토극락으로 인도환생 되어가오 나무아미타불

세상천지만물중에 인간이라나왔으면 뉘덕으로

나왔는가 천지신명 공덕으로 조상의얼을받어

아버님전뼈를 빌고 어머님전살을빌어 태산같이

높은은덕 하해같이깊은정을 어이하여잇으려오

천세만세민었더니 영주봉래 방장산에불사약 불

사약을구할길바이없어 공산낙목 일부토에 영결

종천이되었으니 수욕정이풍불지요 자욕양이친

불래로다 일수삼십삼백 육십일 일일자친열두레

며 을충이적막하고 소식이영절하니 슬프도다

좌우조상 상원인줄 모르시네 그려 이고득락해원
신 나무아미타불 정월을 허송하면 이월에 나오실
래요 이월이라 한식날 천우절이 적막하여 개자추
의 넋이로다 원산에 봄이 되니 불탄잔디 속잎 나고
후인들 슬퍼하야 한식날을 지었도다 여산송백무
릉춘초 만고영웅이 일과 처로다 슬프도다 좌우조
상 청명인줄 모르시요 이월달로 허송하면 삼월에
나오실래요 금일종천해원신 나무아미타불 삼월
이라 삼진날 연자펄펄 날아들어 옛집을 다시 찾고
호접은 분분하야 구십춘색 자랑하고 백마금연소

년들은 화류춘풍흥에겨워 산화작작난만개로다

슬프도다세월이여 애호생지가련하네 슬프도다

내외조상 답정절도모르시요 삼월달로허송하면

사월에나오실래요 황천불견해원신 사월이라초

팔일날 남풍은훈훈하고 해오견지은혜로다 삼각

산제일봉에 봉황앉아춤을추고 한강수깊은물에

이이아닌가 만호장안둥근달은 자손성공바랬건

하도낙서나단말가 요지일월순지건곤은 태평성

만 한번가신조상부모 관등절도못오시네 육자염

불 조상경에원을풀고 왕생극락가옵소서 나무아

미타불 사월달로 허송하면 오월추천이 나오실래
요 금일종천 오실래요 오월이라단오날에 단풍
천지넓은곳에 연비연약이 노는구나 방방곡곡 농
부가로다 낙엽마다추천이라 일천간장맺힌설음
부모생각뿐이로다 슬프도다조상부모 단오절도
못오시요 오월을허송하면 유월에나오실래요 유
월이라유두날은 건곤이 유의하여 남녀혼신생겼
어라 홍로유금되었으니 과채노발못면하네 유두
절도못오시요 유월을 허송하면 칠월칠석오실래
요 칠월이라칠석날은 견우직녀상봉이요 칠월보

름수란분제 무주고혼천도일인데 금일금시오셨
거든 송경축원 받으소서 나무아미타불 오족육
친혼신들은 이고득락가시라고 해원경이아니신
가 칠월을허송하면 팔월추석오실래요 팔월이라
추석날은 백곡이풍등하고 낙엽은떨어지고 무정
한시절은 해마다찾아오고 자손남녀모여앉어 선
형제봉제 하련만은 한번가신저혼신들은 추석날
도 못오시요 팔월을허송하면 구월에나오실래요
구월이라 구일날은 천봉이없아오니 산빛이판이
달라 동으로바라보니 금강산제일 일만이천봉

청룡방에둘러있고 남으로바라보니 지리산 천황봉은 내조아주작방에 둘러있고 울울청청인목들은 가지가지엽엽이라 서방으로바라보니 구월산천주봉은 백호방에 용반호기로다 북방에둘러있고 북으로바라보니 백두산청중봉은 현무방에둘러있고 태극성이되었는데 고왕금례인걸지령 몇몇이나되단말가 슬프도다열위위영가 국화주로즐기시다 구월달도못오시요 구월을허송하 면시월에나오실래요 시월이라 천마일 한은잔등상대허니 벼개위에눈물이네 슬프도다 좌우조상 백설

한풍어찌하리 천마절도 못오시요 후망부모왕생

극락 현존사친수여해 법계애혼 이고취로다 시

월을허송하면 동지에나오실래요 동지날은 만물

이미생하니 일양이초등이로다 왕상의 한빙어는

지성의감천이요 맹중의설중죽순 신명의도움이

라 효녀심청 인도환생 심명감동하였어라 금일

정성 지극자손 염염점차생각하니 통곡만곡새로

워라 슬프도다혼령이여 동지날도못오시요 동지

를허송하면 제석달에오실래요 선달이라제석날

홀세모여인간이니 가련이도이별이네 혼이와서

해원하니 송경해원받으실적 감구로지일석이네

슬프도다 조상혼신 제석날도못오시니 어느달로

천도할까 삼혼구백 삼혼칠백 혼신남녀혼령들은

대법고를크게치고 생사문을열으시니 원혼지심

을풀으시고 저극락에어서가소 나무아미타불 금

일금야오셨거든 금반옥자원을풀고 대비선을크

게모아 금일영가제도하니 선가없는저영가 어서

타고건너가소 배를주어도아니타면 저망자갈곳

없네 보원침익저저중생들 전생에지은죄며 십악

업을소멸하고 유심정토어서가서 자선미타친견

하고 환만친구모든업을 공덕수에목욕하고 탐진

열쇠더운곳에 보리근은 땀을내고 아귀도중주린

배는 선열식에포만하고 지옥도중마른목은 보리

수에해탈하고 고향같은설법승에로다 여한삼매

증득하고 공화만행수습하여 경상천마행복받고

동중불과성취후에 수하망전시설하고 환희중생

제도하여 십왕정토넓은땅에 무위진락수용하세

나무아미타불

532

● 사자축귀경

내전상은 저승사자 상이 아니고 손님상이다 때문에 내전상도 잘 차려야 한다. 옛날부터 잔칫집에는 초대받고 오는 사람도 있지만 떠돌아다니며 얻어먹는 사람들도 온다. 얻어먹는 사람들은 잔치가 끝나도 가지 않고 머물러 있다. 이와 마찬가지로 저승에 계신 우리 조상님들도 자손들이 잔치를 해 드린다고 하면 조상님 지인들을 초대하여 같이 오시지만 떠돌아다니는 귀신들도 온다. 초대받고 오신 조상님 지인들은 예의상 방에는 들어가시지 못하고 내전상에서 드시고 잔치가 끝나면 조상님들과 같이 가시지만 떠돌아다니는 귀신들은 잔치가 끝나도 가지 않고 머물러 있다. 사자축귀경은 머물러 있는 귀신을 쫓아내는 경이다.

상청상경 천존대왕 옥청성주 옥황상제 태청성경 태상노군 삼태대법천사 육경뇌사호응 동해용왕 광덕왕 남해용왕 광이왕 서해용왕 광평왕 북해용왕 광연왕 동해신아명 남해신축유 서해신거승 북해신용강 천자에 두각장군 생지사후 황건역사 구천응원 뇌성보화 생지생후 둔갑장군 두문세신은 동

문으로 생기장군 발복사자 남문으로 성화장군 운
뇌사자 서문으로 겁살장군 숙질사자 북문으로 한
음장군 벽력장군 중앙으로 동방갑을 청룡장군 남
방병정 주작장군 서방경신 백호장군 북방임계 현
무장군 중앙무기 구진등사장군 호구별상장군 천상
천하악귀사자 지등벽력 사질사자 산중산하 후토성
모 철망장군 육천병마 갑자장군 오천병마 갑술장
군 사천병마 갑신장군 삼천병마 갑오장군 이천병
마 갑진장군 일천병마 갑인장군 상하중앙 결진하
여 독포악귀 요마사귀를 옥부장령에 잡아들여 국

문을 하시되 생지자는 생지하고 살지자는 살지하여 두문지방으로 영불출세하라 태상이 유명하사 각도신장 일월신장 팔만제대신장 도총대장의 백마장군이 강진에 열중하여 단장에 엄좌를 하시고 오방영신 제대신장은 독포악귀를 성화독침으로 감불거행하라 옥행이 유명하사 사해용왕신장 사시열진에 십이신장 천상천하 착귀대장이 각기시비하여 신법진양의 범정알을 수시로 수탐하니 귀귀가 멸멸하고 사사가 절절하니 가택이 편안하고 추수만년 안택하리라.

● 만조상해원경

초로같은인간이 야수지광음이요 부모의건곤은

잠시의지령이라 부귀빈천은 약시의상시로다 부

귀하다고만말고 빈천하다고설위마라 부귀도

내팔자요 빈천도내팔자라 한탄한들무얼하며 설

위한들소용없네 가련하고한심하다 인간세월몇

해든가 애고스러고생살이 원통하고도통분하구

나 웅진미련은고진감래로다 못다먹고못다쓰고

못다입고못다살아 한번아차죽어지니 일가친척

쓸데없고 동기자식이허사로다 자의일절허사되

어 해도졌다다시뜨고 이슬졌다다시맺고 꽃도졌

다다시피련만은 우리인생들은 한번아차죽어지

니 이다지도못오느냐 싹이날까움이날까 가련하

다한심하네 구수만언화택이요 화운은다대봉이

로다 현천유월염낙시에 달을따라오실래요 구진

중의 묻힌무덤 적막강산 슬픈혼신자취없고 가

련하다 혼령이여 흐르나니눈물이요 젖는것이옷

깃이라 동원도리화개처에 슬피우는저두견아 날

관같은한탄이냐 좋은시절어디두고 설이수풍한

탄이냐 천간음지깊은밤을 청산구진 비에묻힌

여러혼신들울음소리 이내가슴처량하다 무인산
천궂은비는 밤은적적삼경이라 장장춘의긴긴날
에 해는어이더디지느냐 상사공함이불쌍사라천
지지의분한수에 향락왕생어데멘고 여보소산사
람들 무엇을가졌는가 은중경에뼈를빌고 칠성님
전명을빌고 제왕전에은혜받고 제석전에복을받
어 삼신제왕제도받고 인간출생나왔으니 백년이
라살량이면 밤은죽고낮은살고 오십년이생전인
가 그중에도 우환근심을다제하면 몇년살았다말
을할거나 구중에도 청춘소년죽음되어 저승길이

원맹이여 동원도리 편시춘의 꽃을보고 노는나비
짝을지어 소일타가 녹음방초승화시는 산수정계
명랑한데 슬피우는저두견아 날과같은불여귀냐
화국단풍주야장의 월백청풍적막한데 도리성도
한심하다 청송녹죽군은절개 백설한풍휘날릴제
헐벗고배고프고 주린몸이의지할곳전혀없어 발
벗고팔짱끼고웅성대고 이리저리다닐적에 예절
염치다버리고 문전걸식하자하니 산천수절퇴물
림과 시사독경하는집에 물합퇴송한심하다 일가
친척을찾아가니 희살귀라물리치 고동기자식을

찾아가니 노망귀라물리치고 친구벗님찾아가니

객귀라고몰아내니 한심하네혼령이여 오고가는

시사명절 누굴찾아영접할까 모지도다모지도다

죽음길모지도다 광풍불어추운날에 남경조사를

하게되면 삼혼구백여인원사하게되면 삼혼칠백

이휘날리며 무혼중천돌아가니 고백산림적막한

데 저기저혼신 한심하고불쌍하여 소망산저믄날

에 공수래의공수가는 세상사가허무하야 적막한

어둔길을 누굴찾아영접갈까 군불견동원도리편

시춘의 장가소부야 웃들마소 자동유수는구비구

비백천은동도회라 한서에부서귀냐 운산에지는
해는 제형공의눈물이요 분수추풍은 한무제의설
음이라 비죽비죽저두견아 성성제형을조롱말라
기천년노귀혼이라도 설웠거든 하물며 여기오신
저영가 어찌아니슬픈손가 강해유수흐르는물은
다시오기어려워 요순우탕문무주공 공명안진대
성현도 도덕이관천하여 만고성현일렀건만 미
한인생들이 제어이알아보리 강태공과 강석궁
사마양서 손빈옥 전필승과 공필씨는 만고명장
일렀건만 한번죽엄못면하고 명라수깊은물에 굴

삼녀에 충혼이요 말잘하는소진장이 육국제왕달
랬건만 염라대왕을못달래고 춘풍세월두견성은
슬픈혼신뿐이로다 맹장군도계명구패 신봉군의
졸부구조 만고호걸일렀건만 한산저초 일부토만
가련하네 천하통일 진사왕도 아방궁을높이짓고
만리장성쌓아놓고 육국제후조공받고 삼천궁녀
지휘하여 장생불사를하랴하고 동남동녀오백인
을 삼신산불사약구하라고 보냈더니 소식조차둔
절하니 사구병태저믄날에 여산향초뿐이로다 역
기산기 가세하던 초패왕도다시불러 종불세라우

미인 손목잡고눈물뿌려 이별을할제 일광월야칠

십삼천 가소롭다동남제풍 상통천문하탈지리 전

무후무제갈공명 만세영웅위왕조조 만여춘호채

랑하고 사마천과한태진이와 삼천갑자동방삭은

염라대왕못달래어 죽음길못면하고 한번아차죽

어지니 세상사가 이다지도허망할가 북망산홀로

누워 령의설음이처량하네 서산의지는해는 제형

공의설음이라 한번아차죽어지니 청산에돌아가

서 사토로집을짓고 청송으로울을삼고 좌우산천

벽을삼아 달과해로촛불인양 쑥대로정좌삼아 잔

디집의눈물이네 초목무림잠든중에 백골만가련

하네 벽력촌에컹컹짓는 개소리도듣기싫고 삼경

시에날새라우는 닭소리도듣기싫네 추천강산에

연자성도처량하다 장장춘일긴긴날에 동지장야

긴긴밤에 저자손들 사십팔절찾아가 만만진수

차려놓고 분향제배하것만은 백설은휘날리고 밤

은적적삼경이라 저자손들어이하리 무슨말을원

정하리 만고영웅 진시왕과 한무제도 봉래산장

영주산의 불사약을구해다가 장생불사하잣드니

변통문호한심하네 저승길이어드메냐 저승길을

545

나무아미타불 (세번)

● 회심해원경 (조상 천도에 사용함)

세상천지 만물중에 인간밖에 또있는가 여보시요

인간들아 이세상에나왔으면 뉘덕으로나왔는가

천지신명공덕으로 조상의얼을받어 성씨족보태

어날제 아버님전뼈를빌고 어머님전살을빌어 칠

성님전명을빌고 제석님전복을빌어 이내일신탄

생하니 한두살에철을몰라 부모은공알을손가 이

삼십을당하여도 부모은공못다갚아 어이없고애

닯고나 무정세월이 호류하여 원수백발돌아오니
없든 망녕절로난다 망령이라 흉을보고 구석구석
웃는모양 애닯고도 설은지고 절통하고통분하다
할수없어 홍안백발늙어간다 인간의이
공로를 누가능히막을손가 춘초는년년녹이나 왕
손은귀불귀라 우리인생늙어지면 다시젊지못하
는데 인간백년살지라도 병든날과잠든날 걱정근
심다제하면 몇년살았다 말을할거나 어제오늘성
튼몸이 저녁나절병이들어 실낱같은이내몸에 태
산같은병이드니 부르나니어머니요 찾는것이냉

수로다 인삼녹용약을쓴들 약덕이나있을소냐 판
수불러 경읽은들 경덕을입을손가 무녀불러굿을
한들 굿덕이나있을소냐 의사의원이많다한들 죽
을목숨살릴소냐 백약이무효로다 재미쌀실고실
어 명산대천을찾어가서 상탕에뫼를짓고 중탕에
목욕하고 하탕에수족씻고 향로향합불갖추어 촛
대한쌍벌여놓고 소지한장반쳐든후 비나이다 비
나이다 열대왕전비나이다 칠성님전발원하고 신
장님전공양한들 어느성현이 감응이나할까보나
제일전진광대왕 제이전초광대왕 제삼전에송제

대왕 제사전에오관대왕 제오전에염라대왕 제육
전에변성대왕 제칠전에태산대왕 제팔전에평등
대왕 제구전에도시대왕 제십전에전륜대왕 열대
왕이부른사자 일직사자 월직사자 시직사자 삼
사자거동보소 열대왕의명령받고 한손에는창검
들고 또한손에철봉들고 육모방마높이들어 쇠사
슬을비켜차고 활등같은굽은길 살대같이달려와
서 닫은문을여닫으며 성명삼자불러낸다 어서가
자바삐가자 뉘명이라거역하며 뉘명이라지체할
까실낱같은이내몸에 팔뚝같은쇠사슬로 목을걸

어끌어내니 숨이답답못살래라 혼비백산나죽겠

네 여보시오사자님네 살려주오애걸한들 어느사

자들을소나 들은체도아니하고 신발이나고쳐신

고 노자나갖고가게 만단개유애걸한들 어느사자

가들을손가 애고답답 내설음아 이를어이하잔말

가불쌍하다이내일신 인간하직이망극하구나 명

사십리해당화야 네꽃진다고설워를말어라 너는

명년봄이오면 다시피면보련마는 우리인생한번

가면 다시오기어려워라 이제가면 언제다시 다

시나서 좋은배필다시만나 금실어지 살아볼거나

북망산천을 어찌갈거나 심산험로 한정없는길이
로다 언제다시돌아오라 인간세상하직하니 불쌍
하다 처량하다 슬하자손어쩔거나 만단개유 애걸
한들 소용없고 북망산천어찌가리 어찌갈거나 정
신차려살펴보니 약탕관은버려있고 지성구호극진
한들 죽은목숨살릴소냐 옛노인말들으니 저승길
이멀다드니 오늘내게 당하여선 대문밖이저승일
세 친구벗어만다한들 어느누가동행하며 형제동
기많다한들 어느누가대신갈거나 구사당에하직
하고 신사당에예배하고 대문밖을썩나서서 적삼

내에손흔들어 혼백불러초혼하니 없든곡성이낭자
하다 울지마라 울지마라 저자손들두고가는나도있
다 하든일도제쳐놓고 먹든음식두고가며하든살림
어쩔거나 정든님도두고가고 부귀공명두고가며 문
장명필도두고가며 그저우겨저자손 두고가니 저자
손들거동보소 이내신체부여잡고통곡만곡우는소
리 참아진정못갈래라 마당가에수결치고 삼사자를
따라간다 일직사자손을끌고월직사자등을밀어 풍
우같이재촉하며 천방지방몰아갈제 높은데는낮아
지고 낮은데는높아진다 악의악식모은재산 먹고가

며쓰고가라 사자님네사자님네 내말잠깐들어주

소 시장한데요기하고 신발이나고쳐신고 쉬어가

자고애걸한들 들은체도아니하고 쇠뭉치로등을

치며 어서가자고재촉을한다 이렁저렁 사십구일

저승원문 다달으니 우두나찰 마두나찰 소리치

며달려와서 인정달라비는구나 인정쓸돈 반푼없

다 단배를곯고모은재산 이지경에는쓸데없네 땡

전한푼써볼소냐 환전부쳐가져올까 의복벗어서

인정쓰며 열두대문들어가니 무섭기도그지없고

두렵기도측량없네 대명하고기다리니 옥사장이

분부를받고 남녀죄인등대할제 정신차려살펴보
니 열대왕이좌개를하시고 최판관이문서잡고 남
녀죄인잡아들여 다짐받고봉초할제 어두귀면나
찰들은 전후좌우벌여서서 기치창검삼열한데 형
벌기구차려놓고 대상호령을기다리니 엄숙하기
측량없네 남자죄인잡아들여 엄형하며묻는말이
선심하라발원하고 인생간에나아가서 무슨선심
하였느냐 저혼신을불러다가 엄형하며묻는말이
바른대로아뢰어라 용반비간본을받아 임금님께
극간하여 나라에는충성하고 부모님께효도하여

가품을 세웠으며 배고프니 밥을 주어 아사구제를
하였느가 헐벗으니 옷을 주어 구란공덕 하였느가
좋은곳에 집을지어 행인공덕 하였느가 깊은물에
다리놓아 월천공덕 하였느는가 목마르니 물을주어
급수공덕 하였느냐 병든사람약을주어 화린공덕
하였느냐 높은산에불당지어 중생공덕하였느냐
좋은밭에 원두심어 행인해갈 하였는가 부처님전
에공양들여 마음닦고선심하야 염불공덕 하였는
가 어진사람모해하고 불의행사많이하고 탐재함
이극심하니 너의죄목을어찌하리 죄악이심중하

야 극락세계를제쳐두고 지옥으로보내는데 눈물
가려서못갈래라 착한사람불러들여 위로하고대
접하며 몹쓸놈들구경하라 이사람은선심으로 극
락세계를가시는데 인간세상나왔다가 선심공덕
많이하여 효자효녀둔자손이 송경법사불러다가
영가혼신봉청하여 염불해원길을닦아 극락세계
를가시는데 소원대로다일러라 네원대로하여주
마 극락으로가려느냐 연화대로가려느냐 선경으
로가려느냐 서왕모에사환되어 반도소님이되려
느냐 소원대로보내는데 옥제전에주품하사 남중

절색태여나서 요지연에가려느냐 백만군중도독
되어 장수몸이되겠느냐 어서바삐아뢸적에 옥제
전에주문하자 석가여래아미타불 제도하여이문
할적 산신불러의논하며 어서바삐시행하소 금일
혼신저영가 남녀황천좌우조상 선심공덕염불받
고 극낙세를가시는데 대웅전에초대하여 다과올
려대접하며 악한혼신구경하라 악한혼신은죄중
하니 풍토옥에가두는데 남자죄인처결한후 여자
죄인잡아들여 엄형하며묻는말이 너에죄목을들
어봐라 시부모와친부모께 지성효도를하였는가

동기간에우애하고 친척하목하였느냐 고약하고
간특한년 부모말씀거역하고 동기간에이간하고
형제불목하게하며 세상간악을다부리고 시시때
때로마음변화 못듣는데욕을하고 마주앉아웃음
덕담 군말하고성내는년 남의말일삼는년 시기하
기를좋아한년 지옥으로보내는데 죄목을물은후
에온갖형별하는구나 죄지경중가리어서 차례대
로처결할적 화산지옥 도산지옥 한빙지옥 검수지
옥 화탕지옥 발설지옥 독사지옥 각처지옥으로분
부를하시는데 모든죄인영가를 대연을배설하

고　소원대로아뢰어라　선녀되어가려느냐　요지연에가려느냐　재상부인되려느냐　제실황후되려느냐　부귀공명하려느냐　선녀불러분부하야　극락세를가시는데　이세상에나온사람　회심곡을없신여겨　불의행사많이하면　우마형상못면하고　구렁배암못면하니　선심공덕많이하여　극락으로나아가세　(나무아미타불)　어떤　혼신은　인간세상　나왔다가　고생고통다지내고　부모밖에태어나서　부부백년짝을지어　없든자손이태어나니　그자손들살리자고　할짓못할짓　들을소리　못들을소리　다들

어가며 손톱발톱자저지고 손발이다트도록 허리
끈을줄라메고 애지중지기른자손 남은여가를시
겨놓고 후사전자 잘살기를바랫는데 원명이그뿐
이냐 한명이그뿐이냐 비명횡사되단말가 할일없
이 죽게되어 멀고먼황천길을 눈물가려서 어이
갈거나 청춘고혼혼령들이여 염라대왕명부전에
어이갈거나 거리중천고혼되어 울고울고갈발어
데드냐 이내형상없다기로 어느자손을찾아가서
이내원정하여볼거나 세상인간 나왔다가 엇그제
인간인데 오늘날혼령와서 살아서도원망이고죽

음길도원맹이네 오늘날생각하니 사사일생각하
니 어찌아니열통하랴 어찌아니한심하리 우리부
모가나를나서 애지중지길러내어 청광녹수 원앙
짝을지어 남은여가를시겨놓고 후사전장을바랬
는데 이지경이왠말이냐 원수드라 원수드라 가
난이원수드라 못산것도유전이냐 저자손들어찌
하리 애지중지 애걸야탄 저자손들어찌하리 황
천에서도저자손들 못잇겠네 어느자손이 이내원
정풀어줄거나 청춘고혼들 가련하도다 청계수중
에 놀던고기가 그물속에가쳤는듯 향기로운상산

561

난초 잡풀숲에 들었는듯 경치좋은청산백옥이 진

토중에 묻혔는듯 벽오동놀던봉황 형곡중에 들었

는듯 십오야밝은달이 구름속에 잠겼는듯 적막한

북망산천 홀로누어자탄한다 하루이틀한달두달

도 아니오든저망자 저혼신들어쩔거나 청천에뜬

구름은 높기도높건만은 저구름을잡아타고 옥경

대를찾아가서 옥황님전 원정을 할거나

◉ 육십갑자 해원경 (조상 천도에 사용)

갑자을축 해중 금금생남녀원혼인가 망망창해 대

중해 황금같이 묻혀두었으니 인간이별이적막하

네 그로맺혀원혼이 요금일오신 열위영가 왕생

극락가시라고 육십갑자해원이요 나무아미타불

병인정묘 노중화 화생남녀원혼인가 노상천변타

는불은 무주고혼을분별할까 이내무덤타는불은

행인누가꺼줄거나 그로맺혀원혼이요 나무아미

타불

무진기사 대림목 목생남녀원혼인가 울울창창임

하촌에 무월공산처량하다 산천의가을초목 바람

결에쓸쓸한데 고백산림적막하여 인정사후그리

웁네 그로맺혀 원혼이요 나무아미타불

경오신미 노방토는 토생남녀 원혼인가 대로변천

문힌무덤 행인누가 조문올까 적막한어둔밤에 대

로변천홀로앉아 슬픈곡성슬피우나 어느누가위

로할까 원통하고 절통하네 그로맺혀서 원혼이요

나무아미타불

임신계유 금봉금은 금생남녀원혼인가 북망장줄

죽은넋이 군충신을누가알까 한번아차 죽어지니

영웅호걸도 쓸데없고 효자충신도 쓸데없고 효부

열녀 가쓸데없네 그로맺혀서 원혼이요 나무아미

564

타불

갑술을해 산두화는 화생남녀원혼인가 청산백운에타는불은 건곤유수끄련만은 이내가슴타는불은 어느누가 꺼줄거나 그로맺혀 원혼이요 나무아미타불

병자정축 간하수는 수생남녀원혼인가 벽해수깊은물은 굴삼녀에눈물일네 이내가슴 품은한을 어느누가 알어줄거나 그로맺혀원혼이요 나무아미타불

무인기묘 성두토는 토생남녀원혼인가 일락서산저

믄날에 소행이바이없어 어디가서누구더러 이내

원정하여볼까 그로맺혀원혼이요 나무아미타불

경진신사 백남금은 금생남녀원혼인가 백납부에

서린몸이 병환으로죽단말가 잔병없이 살을적에

못다먹고못다쓰고 한푼두푼탐욕으로 천년만년

살줄알고 죽을줄몰랐더니 오늘날생각하니 허망

하구도무상하네 그로맺혀원혼이요 나무아미타

불

임오계미 양류목은 목생남녀원혼인가 춘풍세월푸

른버들 이슬받어서눈물되고 실실이 도맺혔으니

엽엽이도 원혼이요 금일염불삼불전에 제배하고

무엇으로 보시할고 나무아미타불

갑신을유 천중수는 수생남녀원혼인가 우물밑에

햇볕같이 속절없이 묻혔으니 어느누가 알아줄거

나 어느자손이 찾아오리 전생사후 쓸데없네 후세

발원은 어찌하고 이내신세 원혼되니 그로맺혀 원

혼이요 나무아미타불

병술정해 옥상토는 토생남녀원혼인가 태어날적본

래부터 헛된것이 부운같이 생겨나서 실상없는꿈

만꾸다 경각간에 죽어지니 세상사가 허망하네 서

산의 지는해는 얼마나 남았는가 인생일장이 잠깐

이라 허망하고무상하네 인간세월이 빠르고나 한

심하고가련하네 사는세월도 가련하고 죽음길도

원맹이네 그로맺혀원혼이요 나무아미타불

무자기축 벽력화는 화생남녀원혼인가 번개같이도

빠른세월 이팔청춘간곳없네 애호생이수위하고

선장장이무공이라 오늘날생각하니 한심하고도

가련하네 그로맺혀원혼이요 나무아미타불

경인신묘 송백목은 목생남녀원혼인가 청송녹죽아

니어든 백설한풍휘날릴적 동지섣달설한풍은 기

한혼신가련하네 그로맺혀원혼이요 나무아미타
불

임진계사 장유수는 수생남녀원혼인가 창랑의흐
르는물은 한번가면아니오고 우리인생들은 한번
아차죽어지니 후해막금쓸데없네 어느때나다시
나서 좋은베필만나 좋은금실살아볼거나 그로맺
혀서 원혼이요 나무아미타불

갑오을미 사중금은 금생남녀 원혼인가 백사장에
묻힌금은 어느세상에 다시날고 이내가슴 품은
한을 어느 자손이 풀어줄거나 그로맺혀서원혼

이요나무아미타불

병신정유 산하화는 화생남녀원혼인가 산하곡절
저믄날에 일점등촉희박하네 일가친척벗님네들
이내한을풀어주소 구비구비쌓인설움 어느누가
풀어줄거나 그로맺혀원혼이요 나무아미타불

무술기해 평지목은 목생남녀원혼인가 평지광야넓
은들에 우뚝섰는정자목은 행인과객의도회처라
남녀노소쉬어가건만은 이내친구는어디가고 이
내한을못푸는가 전생사후생각하니 어찌아니슬
플소냐 죽자사자하든친구 이지경에는쓸데없네

그로맺혀 원혼이요 나무아미타불

경자신축 벽상토는 토생남녀원혼인가 고고청산문

흰무덤이 서벽상에걸렸으니 노친우뢰끝인고개

분벽사창도쓸데없고 여기오신저영가 법사설문

들으시고 이저승 원한을풀으시고 한번아차죽어

지니 동기자식도쓸데없고 처자일가친척이 소용

없어 인간혼신길이달라 유망이달랐으니 그도역

시원명이요 그로맺혀서원혼이요 나무아미타불

임인계묘 금박금은 금생남녀원혼인가 금은옥백을

다버리고 북망산천문힌백골 산은적적주야월에

사연한이내신세 구곡간장썩은눈물 쉬우나니한
숨이요 흐르나니눈물이네 부부화락하올적에 백
년가약을맺었건만 오늘날생각하니 몽중에도허
사로다 금은옥백쓸데없네 그로맺혀원혼이요 나
무아미타불

갑진을사 복등화는 화생남녀원혼인 가침침잔등객
관하에 슬피우는저두견아 깊이든잠깨지마러라
북망산천문힌무덤 산천초목이우거지고 황천귀
신울음소리 무주고혼이슬프고나 그로맺혀서원
혼이요 나무아미타불

병오정미 천하수는 수생남녀 원혼인가 칠월칠석오
작교는 한수에막혔으되 견우직녀 월가약은 일년
일차보련만은 이내신세막연하여 청산에묻힌백
골이 어느때에다시날고 그로맺혀원혼이요 나무
아미타불

무신기유 대역토는 토생남녀원혼인가 태산이평지
로되 원혼이깊이맺혀 속절없이죽었다면 천년이
라도 잊지는못할래라 남녀친구벗님네들 낳고죽
고살고 이다지도한심한가 불쌍하고도가련하네
이내한을풀어주소 그로맺혀원혼이요 나무아미

타불

경술신해 차천금은 금생남녀원혼인가 금희옥희빛난금을 화동답답탕진하고 당상노친부모처자오늘날생각하니 불쌍하고도가련하네 살아생전있을적에 할일을못다하고 황천귀신되었으니 그로맺혀원혼이요 나무아미타불

임자계축 상좌목은 목생남녀원혼인가 태산같이깊이 높이떠서 생사불망을들어가니 불쌍하고도가련하네 님의원기태어난인생 혹남혹녀가이아닌가 불쌍하고가련하네 한심하고도가련하네 후

회막금뿐이로다 그로맺혀서원혼이요 나무아미

타불

갑인을묘 대계수는 수생남녀원혼인가 구곡간장흐

르는눈물 장우잔탁한심하네 유수같이도빠른세

월 죽을줄몰랐더니 금일혼신원혼이네 인간세상

태어나서 부부백년어디가고 없든자손태어나 애

지중지길렀건만 이내한을못푸느냐 그로맺혀서

원혼이요 나무아미타불

병진정사 사중토는 토생남녀원혼인가 백골이진토

되니 황천객의눈물일래 어이갈고이내신세 이세

상을떠난신세 천만년이라도못올래라 황천이무
정하네 청천하늘이높다하여도 초년심이심이하
고 국경만리멀다하여도 사신행차다녀가고 구만
리정배라도 구경올날있건만은 황천이면 얼마나
멀고멀었간데 한번가서못오는가 가는길은있었
어도 오는길이막연하네 원통하고도통분하다 그
로맺혀원혼이요 나무아미타불

무오기미 천상화는 화생남녀원혼인가 청산백운을
잡아타고 옥경에솟아올라 만리장성을원정하며
옥황님전에등잔갈거나 늙은장송죽지말고 젊은

소년늙지말게 백다상수한연후에 선심공덕많이

하여 극락으로나아가세 나무아미타불

경신신유 석유목은 목생남녀원혼인가 옥창전에석

유목은 속절없어피어있고 녹음방초푸른버들 골

골마다수심이라 녹음홍수가병이들어 생사불망

들어가니 불쌍하고도가련하다 그로맺혀원혼이

요 나무아미타불

임술계해 대해수는 수생남녀원혼인가 아서라쓸데

없다 이내신세가원수로구나 만단후회다버리고

전생사후맺힌한을 금반옥자원풀고 일엽편주둧

을달아 사해팔방노일다가 사해팔방넓은물은 범

범유수떠나가니 이별종천그아니냐 영결종천 돌

아가서 애고애고내신세야 혼신이라한탄말고 통

일천하진시왕도 아방궁을높이짓고 만리장성을

멀리쌓고 육국제우조공받고 삼천궁녀지휘하여

영주봉에불사약 삼신산에불노초 구할길이바이

없어 산록풍경사구병태 저믄날 여산향초뿐이로

다 초나라초패왕도 대나라때수금이되어 고국을

못가보고 초흔조세가되어 월랑조성을반겨듣고

동정추월달밝은데 귀촉도슬피울며 인간세상이

절로난다 초나라근원이도 위국충신하려다가 명
라 수깊은물에 수중고혼이되어있고 명나라조명
덕이 십만대군을거느리고 통일천하하려다가 적
벽강에수전중몽 씨도없이죽었으니 그도역시원
명이요 원혼되니 금일영가한을말고 원혼지심을
풀으시고 송경법사설법을들으시고 맺힌마음풀
으시고 감친마음풀으시고 자식들의원한을풀으
시고 왕생극락가옵소사 나무아미타불 나무아미
타불 나무아미타불
성현의공부자가 성덕없어죽었으며 통일천하하진

시왕은 권세없어 죽었으며 한나라명제성군 의원
없어 죽었으며 동세동거장공영이 우애없어 죽었
으며 자손만당곽부량도대신없어 죽었으며 석승
같은천하갑부 돈이없어 죽었으리오 만고절색양
귀비가 배필없어 죽었으며 우리나라이태조가 약
이없어 죽었으며 그도모두원명이요 이러한애국
충신 영웅열사성현군자 효부열녀도인명사 졸부
라도 원명대로못다살아 황천객이되었는데 우리
같은초로인생으로 일러서무엇하리요 그도모두
가원명이요 사사일생각말고 금반옥자원을풀고

이승저승에지은죄 홍로점설재가되어 불티같이
날아가고 호호탕탕극락으로 왕생극락을가십시
다 나무아미타불 나무아미타불 나무아미타불
신위단상불을밝혀 수월도량영가혼신 공화불사
건립하야 세상화락제쳐두고 인간부귀제쳐두고
생사대해를건너갈제 반야용선을잡아타고 아미
타불 지장보살 관세음보살 좌기하고 금일망자
영가혼신을실어다가 명부전에인도할제 인로왕
보살거동보소 청기홍기를손에들어 화락염락갖
추시고 팔보살이호위하고 제천음악갖은풍류 천

동천녀가춤을추고 오색광명어린곳에 생사대해
를건너갈제 여기오신 저망자 저혼신 어
리둥실실어가다 효자충신노를주고 효불열녀닻
을주고 맑은바람요풍이요 밝은광명순을내라 용
춘수갖은풍류 어깨춤을추어가며 순식간에건너
가니 극락국이여기로구나 금은옥류작은만호 칠
보궁전수신하고 환만진국묵은때를 팔공덕수에
목욕하고 조수성대부여잡고 법성가로노래하며
이리돌고 저리돌고 이리돌아 이리저리
돌아들어 정토문을열고보니 극락세가분명하구

나 나무아미타불 나무아미타불 나무아미타불

● 청춘남녀 해원경 (젊은 혼신들을 달래 좋은곳으로 보내는 경)

영가 영가 저영가 불쌍하고 가련하네 금세상에 나왔다가 못다먹고 못다쓰고 못다입고 못다살아 황천귀신되어갈제 눈물가려어이가며 황천길이 희박하여 갈마음은없었는데 이제가면어느때에 다시나서 좋은배필다시만나 좋은금실살아볼거나 그로맺혀원혼이요 천지지간만물지간에 유인이 최귀로다 이세상에태어날적 천지신명공덕

으로 조상의얼을받어 부모님전혈육골육으로 칠
성님전명을빌고 제석님전복을빌어 삼신제왕극
고하여 갖은고통다지내고 십생만에탄생하니 우
리부모님나를길러 애지중지길러낼적 촉석루청
광녹수 원앙의짝을지어 다자자손바랬드니 조물
이시기하여 혼신이작해한지 천명이그뿐인지 할
일없이죽게되어 멀고먼황천길을 눈물가려어이
가며 생각하고생각하니 한심하네신록사를 진상
묘법연화경으로 육도환생도중생 불쌍하네 저혼
신 저망자 인생이라나왔다가 잠시잠깐왠말인가

저망자 저혼신들 저승길도못가시고 이승길도못
가시고 구름속에쌓여왔나 바람결에날아왔나 인
물왕래따랐든가 찾아갈곳이막연하네 살든집을
찾아가니 어느자손어느가족 이내형상없었으니
어느누가반길거나 인간이별혼신될적 우연히병
이들어 어제오늘성튼몸이 저녁나절에병이들어
의방으로약을써도소용없고 의사의원찾어가면
죽을목숨살릴손가 원명만바랬더니 비명횡사못
면하여 열대왕이부른사자 한손에는철봉들고 또
한손에는창검들고 쇠사슬을베겨차고 육모방마

높이들고 살대같이달려와서 닫은문을여닫으며

성명삼자불러내어 실낱같은이내목에 팔뚝같은

쇠사슬로 목을걸어끌어내니 숨이답답못살래라

그고통도못할래라 사자님네 사자님네 살려주오

애걸한들 들은체도아니하고 애고답답불쌍하다

인간하직이망극하네 먹든음식두어두고 슬하자

손못잇어라 입던입성걸어놓고 허든살림을두고

가면 슬하자손손을잡고 만단설화를못다하고 북

망산천을어찌갈거나 쾌풀어서증설하고 마당가

에수결치고 삼사자를따라간다 삼혼이흩어지고

구백이휘날리니 탈생한 이승길은멀어지고 저승

길은열릴적에 우리자손 이내신체 부여잡고 통

곡만곡 우는소리 참아진정못갈래라 금일영가

법사설문들으시고 자식들의원한을 풀으시고 왕

생극락가옵소서 나무아미타불 천운우 궂은날에

홀로누워탄식할제 어이하여두견성의울음소리

이내가슴 이내신세처량하구나 청춘의젊은세월

한번아차죽어지니 동기자식도쓸데없고 처자일

가친척이소용없어 인간혼실길이달라 유망이달

랐으니 그도역시원명이요 가련히도되었구나 정

계유수놀던고기 그물속에갇혀는듯 향기로운상
산난초 잡풀숲에들었는듯 경치좋은청산백옥이
진토중에묻혔는듯 벽오동에놀던봉황 형곡중에
들었는듯 십오야밝은달이 구름속에잠겼는듯 적
막한북망산천 홀로누워자탄한다 하루이틀 한
달두달도 아니오든 저망자 저혼신들을어쩔거나
청천에뜬구름은 높기도높건만은 저구름을잡아
타고 옥경대를올라가서 옥황님전에원정갈거나
깊고깊은저물결은 맑기도맑으신데 저물결을따
라가서 우리자손다시만나 이내원정하여보리일

구월심넘어간들 년년히잊을소냐 주야장천긴긴
밤에 독의서창홀로누워 산월체월바라보니 속절
없이끊는간장 울고가는저기러기 참아듣지못할
래라 밤이깊어서못든잠은 배관잠깐든고보니 몽
사중에서로만나 간절상봉하여보리 경박할손 일
상호적그아니며 두견성의잠이깨니 허망하고도
허사로다 춘하추동사시절에 적적무인홀로누워
생각하니도가련하다 소수낙엽부는바람 황혼이
살아질때 구슬같은두눈물만 만년수심에잠겼으
니금일이나내려가서 집안상봉하여볼까 바라보

니한심하네 생각하니목이맨다 공방미인불쌍사는 나를두고 이르던가 동원도리편시춘의춘삼월고향생각이 공산낙의우소수는 풍우성이수심이라 소골소신이내몸은 진토중에묻혀있네 이지경이왠말이냐 형상조차없었으니 어느누가 이내소원을풀어줄거나 그로맺혀서원혼이요 생각수록타기황의저꾀꼬리 막연자사막연하고 우지마라세상생각이절로난다 심우무우없었으니 세월춘풍저믄날에 오두춘풍달밝은데 달은밝고토굴속에밤은길고잠이오랴 사사일생각하니 어찌아니

연통하랴 어찌아니가한심하리 더금수는인황상

탕 하대옥에가르쳐서성조되고 만고성현공부자

도 도로나와성현되고 정충대절 소주탁도 북해상

에앉았다가 고국으로왔건만은 나는어이 영결종

천한번간후 가는길은있었건만 오는길이막연하

고 속절없이끊는간장 허공중천돌아가서 옥황님

전원정갈거나 높고높은 저구름은이내눈물씻어

가오 바람삼아품었다가 우리집에붙여줄가 깊고

깊은저물결은 맑기도맑건만은 이내원정을 어느

뉘라서알아줄거나 인간이라나왔다가 일장춘몽

꿈과같고 만물조차시기하니 할일없이죽어있네

강풍호불리하여 골수에깊이든병 편작인들소용

없네 인생부득갱소년 나도그리알건만은 동원도

리편시춘은 어이그리무정하냐 무인성의월황혼

이 눈물을일삼으니 장천리도무심하고 새벽서리

찬바람에 울고가는저기러기 나의간장다썩는다

정이없어죽었다면 슬프지는않을것을 삼춘가절

아니어든 나비날아날찾을가 약수삼천리삼만리

바랬건만 동풍작한깊은밤에 꿈에라도선몽되어

가련하다이내일신 어느세상에 나를찾아어느자

손이 이내원정풀어줄거나 그로맺혀 원혼이요 나무아미타불

● 지옥풀이 _(사십구제때 사용)

금일영가 저혼신 육십갑자중 어느갑에 매였으며 어느대왕에 매였나요

제일전 진광대왕에 메인혼령 경오 신미 임신계유 갑술 을해 여섯생이 상갑인데 도산지옥에 메였으니 정광여래대원으로 이지옥을면하시고 시방정토극락으로 왕생극락가옵소서

나무아미타불(세번)

제이전 초광대왕에 메인혼령 무자 기축 경인 신
묘 임진 계사 여섯생이 상갑인데 화탕지옥에 메
였으니 약사여래대원으로 이지옥을면하시고 시
방정토극락으로 왕생극락가옵소서

나무아미타불(세번)

제삼전 송제대왕에 메인혼령 임오 계미 갑신 을
유 병술 정해 여섯생이 상갑인데 한빙지옥에 메
였으니 현겁천불대원으로 이지옥을면하시고 시
방정토극락으로 왕생극락가옵소서

나무아미타불 (세번)

제사전 오관대왕 메인혼령 갑자 을축 병인 정묘 무진 기사 여섯생이 상갑인데 검수지옥에 메였으니 아미타불대원으로 이지옥을면하시고 시방정토극락으로 왕생극락가옵소서

나무아미타불 (세번)

제오전 염라대왕에 메인혼령 병자 정축 무인 기묘 경진 신사 여섯생이 상갑인데 발설지옥에 메였으니 지장보살대원으로 이지옥을면하시고 시방정토극락으로 왕생극락가옵소서

나무아미타불(세번)

제육전 변성대왕에 메인혼령 경자 신축 임인 계

묘 갑진 을사 여섯생이 상갑인데 독사지옥에 메

였으니 대세지보살대원으로 이지옥을 면하시고

시방정토극락으로 왕생극락가옵소서

나무아미타불(세번)

제칠전 태산대왕에 메인혼령 갑오 을미 병신 정

유 무술 기해 여섯생이 상갑인데 화산지옥에 메

였으니 노사나불대원으로 이지옥을 면하시고 시

방정토극락으로 왕생극락가옵소서

나무아미타불(세번)

제팔전 평등대왕에 메인혼령 병오 정미 무신 기유 경술 신해 여섯생이 상갑인데 거해지옥에 메였으니 관세음보살대원으로 이지옥을면하시고 시방정토극락으로 왕생극락가옵소서

나무아미타불(세번)

제구전 도시대왕에 메인혼령 임자 계축 갑인 을묘 병진 정사 여섯생이 상갑인데 암흑지옥에 메였으니 약왕보살대원으로 이지옥을면하시고 시방정토극락으로 왕생극락가옵소서

나무아미타불(세번)

제십전 전륜대왕에 메인혼령 무오 기미 경신 신

유 임술 계해 여섯생이 상갑인데 철창지옥에 메

였으니 석가여래대원으로 이지옥을면하시고 시

방정토극락으로 왕생극락가옵소서

나무아미타불(세번)

육정육갑생원들은 송정법사설법듣고 인로왕보

살인도받아 반야용선잡아타고 생사대해건너가

서시방정토극락으로 왕생극락가옵소서

나무아미타불(세번)

천지팔양신주경

(천지팔양신주경은 경문이 딱딱하여 하는사람이나 듣는사람한테 부드러움을 주기 위 하여 경문끝에 이라·하고·하여를 붙여주었다)

문여시하니 일시에 불이 제비야달마 성요화택 중하사 시방이 상수하고 사중이 위요하시니 이 시에 무애보살이 제대중중하사 즉종좌기하야 합장향불하고 이백불언을 하사대 세존이시여 차염부재중생이 최대상생하여 무시 이래로 상속부단하되 유식자고하고 무지자다하 며 염불자소하고 구신자다하며 지계자소하고 파계자다하니 정진자소하고 혜태자다하며 지혜

자소하고 우치자다하니 장수자소하고 단명자다
하며 선정자소하고 산란자다하니 부귀자소하고
빈천자다하며 온유자소하고 강강자다하니 흥성
자다하고 경독자다하며 정직자소하고 곡첨자다
하니 청신자소하고 탐탁자다하며 보시자소하고
간인자다하니 신실자소하고 허망자다하야 치사
세속으로 천박하니 관법은 도독하고 부역은 번
중하고 백성은 궁고하야 소구난득은 양유신사
도견하야 획여시고 유원세존은 위제사견 중생
하야 설기정견 지법에 영득오해 하시고 면허 중

고케 하옵소사

불언선재 선재라 무애보살이요 여대자비로 위

제사견 중생하여 문어여래 정견지법에 불가사

이하고 여등은 제청하고 선사염지하니 오당위

여분별해설 천지팔양 지경이라

차경은 과거제불이 이설하시고 미래제불이 당

설을 하시고 현제 제불이 금설을 하시나니 부천

지지간에 위인이 최승 최상하야 귀어일체 만물

이소생하니 인자는 정야며 진야로다 심무허망

신행정진 좌별위정 우불위진 상행정진 고명위

인시지하니 인능홍도 도이윤신을 하나니 의도

의인하면 개성성도라

부차무애보살이요 일체중생이 기득인신하여 불

능수복 배진향위 조종종악업 명장욕종 침륜고

해 수중종죄 약문차경 신심불역 즉득해탈 제죄

지난 출어고해 선신 가호 무제장애 연연익수 이

무횡요 이신력고로 획여시복 하황유인 진능서

사 수지독송 여법수행 기공덕은 불가칭 불가량

무유변제 명종지후에 병득성불하느니라

불고 무애보살 마하살 약유중생이 신사도견하

야 즉피사마외도 이매망량 조명백괴 제악귀신

경뇌란 여기횡병 악종악주악오로 수기통고하

여무유휴식이라도 우선지식 위독차경삼편하면

시제악귀가 개실소멸하고병득제유 신강역족 독

경공덕 획여시복 약유중생 다어음욕 진에우치

간람질투 약견차경 신경공양 즉독차경 삼편하

면 우치등악 병개제멸 자비회사 득불법문하부

차무애보살이요 약선남자 선여인이 흥유위법

선독차경 삼편하면 축장동토 안입가택 남당북

당과 동서서서 주사객옥 문호정조 대해고장 육

축난흔 일유월살과 장군태세 황번표미 오토지

신 청룡백호 주작현무 육갑금휘 십이제신 토위

복용 일체귀매 개실은장 원병타방 형소영멸 불

감위해 심대길리 득복무량 선남자야 흥공지후

에 당사영안하면 옥택이 뇌고하고 부귀길창하

여 불구자득하며 약욕원행종군커나 사환흥생하

면 심득의리하고 문홍인귀하여 백자천손으로

부자자효하고 남충여정하고 현공제순하여 부처

화목하고 신의독친하니 소원성취하느니라

약유중생이 홀피현관구계하여 도적견만이라도

잠독차경삼편하면 즉득해탈 약유선남자가 수지

독송하고 위타인하여 서사천지팔양경자는 설립

수화라도 불피분표하고 혹제산택이라도 호랑이

병적하야 불감박서하고 선신이 위호하니 성무

상도 하느니라

약부유인이 다어망어 기어하고 악구양설이라도

약능수지 독송차경하면 영제사과하고 득사무애

변하여 이성불도 하느니라 약선남자 선여인등

이부모유죄하고 임종지일에 당타지옥하고 수무

량고하여 기자즉 위독차경칠편하면 부모즉리지

옥하고 이생천생하여 견불문법하고 오무생인하

니 이성불도하느니라

불고무애보살이 비바시불시에 유우바세 우바이

하여 심불신사하고 경술불법하며 서사차경하고

수지독송하니 수작즉작으로 일무소문하고 이정

신고로 겸행보시하고 평등공양하여 득무루신

으로 성보리도하니 호활보광 여래응정등각이라

겁명은 대만이요 국호는무변이니 단시인민이

행보살도하여 무소득법하느니라

부차무애보살이요 차천지팔양경이 행염부제하

면 재재처처에 유팔보살과 제범천왕이 일체명

령에 위요차경하고 향화공양하면여불무이니라

불고무애보살마하살하사대 약선남자 선여인이

위제중생으로 강설차경하고 심달실상하여 득심

심리하니 즉지신심이 불신법심이라 소이능지즉

지혜니 안상견종종무 진색하되 색즉시공이니공

즉시색이라 수상행식도 역공하나니 즉시묘색신

여래며 이상문종 종무진성하되 성즉시공이니공

즉시성이라 즉시묘음성 여래며 비상후종 종무

진향하되 향즉시공이니 공증시향이라 즉시향적

여래며 설상료종종무진미하되 미즉시공이니 공
즉시미라 즉시법회여래며 신상각종종무진촉하
되 촉즉시공이니 공즉시촉이라 즉시지승여래며
의상사상 분별종종무 진법하되 법즉시공이니
공즉시법이 즉시법명여래니라
선남자야 차육근이 현현하면 인개구상하여 설
기선어하고 선법상전하면 즉성성도나 설기사어
하고 악법상전하면 즉타지옥가느니라 선남자야
선악지리를 부득불신하면 선남자야 인지신심이
시불법기며 역시십이부대경권야거늘 무시이래

로 전득부진하면 불손호모하나니 여래장경은
유식심견성자지소능지요 비제성문범부의 소능
지야라 선남자가 독송차경하면 심해진리로 즉
지신심이 시불법기며 약취미불성하면 불료자심
이 시불법근본하고 유랑에 재취하여 타어악도
하고 영침고해하여 불문불법 명자하리라
이시에 오백천자가 제대중중하사 문불소설하고
득법안정하여 개대환희하니 즉발무등등아 녹다
라 삼약삼보리심 하느니라
무애보살이 부백불언을 하사대 세존은 인지제

세에 생사위중하니 생불택일하여 시지즉생하고

사불택일하여 시지즉사하니 하인빈장하여 즉문

해하고 빈궁자다하며 멸문자불소나니 유원세존

은 위제사견 무지중생하여 설기인연하고 영득

정견하여 제기전도하소사

불언선재 선재라 선남자야 여실심능문어중생의

생사지사와 빈장지법하고 여등은제청하라 당위

여설지혜지리와 대도지법이니라 부천지광 대청

하며 일월광장명하고 시년선 선미하여 실무유

610

이니라 선남자야 인왕보살이 심대자비하여 민념중생하되 개여적자하고 하위인주하여 작민부모하니 순어속인하고 교민속법하여 유작역일하니 반하천하 영지시절이거늘 위유만평성수개제자자의 집위파살지문이라 우인은 의자신용하여 무불면기흉화코저 우사사로 압진하고 설시도비하여 만구사신으로 배아귀하여 각초앙자 수고하나니 여시인배는 반천시하고 역지리하여 배일월지광명하고 상투암실하여 위정도지광로하니 항심사경이 전도지심야라

선남자야 산시에 독송차경 삼편하면 아즉이생

하고 심대길리하며 충명이지하고 복덕구족하니

위불중요하느니라 사시에 독송차경삼편하면 일

무방해하여 득복무량하느니라 선남자야일일호

일이면 월월호월이요 년년호년이니 실무간격이

단파즉수빈장하고 빈장지일에 독송차경칠편하

면 심대길리하고 획복무량하며 문영인귀하여

년년익수하니 명종지일에 병득성성하느니라

선남자야 빈장지지에 막문동서남북안온지처 인

지애락은 귀신애락이라 즉독차경삼편하면 변이

수영하고 안치묘전하며 영무재장하여 가부인흥

하니 심대길하느니라

이시에 세존은 욕종선처의 이설게언을 하사대

영생선선일이요 휴빈호호시라 생사독송경하면

심대길리니라 월월선명월이니 년년대호년이라

독경즉빈장하면 영화만대창하리라

이시중중에 칠만칠천인이 문불소설하고 심개의

해하여 사시귀정이니 득불법문하고 영단의욕하

니 개발아뇩다라 삼약삼보리심하느니라

무애보살이 부백불언을 하사대 세존은 일체범

부가 개이혼구로 위친이나 선문상의하여 후취

길일하니 연시성친이나 성친지후에 부귀해로자

소하고 빈궁생리사별자다하며 일종신사로 여하

이유차별하니 유원세존은 위결중의하소사

불언선제선제라 선남자야여등은제청하라 당위

여설하리라 부천양지음하며 월음일양하며 수음

화양하며 남양여음하니 천지가 기합하여 일체

초목이 생언하고 일월이 교운하여 사십팔절이

명언하고 수화가상승하여 일체만물이 숙언하고

남녀윤해하여 자손이 흥언하나니 개시천지상도

요 자연지리며 세제지법이니라

선남자야 우인은 무지하며 신기사사하여 복문

망길하고 이불수선이니 조종종악법이라 명종지

후에 부득인신자는 여지갑상토하고 타어악도하

고 작아귀축생자는 여대지토니라

선남자야 부득인신하여 정신수선자는 여지갑상

토하고 신사조악업자는 여대지토니라 선남자야

욕결혼친이면 막문수화상극과 포태상압과 연명

부동하고 유간녹명서하고 즉시복덕다소하며 이

위권속하여 호영지일에 즉독차경삼편하면 이이

성례하고 차내선선상잉하고 명명상속하여 문고

인귀하니 자손이 흥성하고 총명이지하니 다재

다예하며 효경상승하여 심대길리하니 이무중요

하고 복덕구족하여 개성불도하나니라

시에 유팔보살이 승불위신하고 득대총지하니

성처인간하고화광동진하니파사입정하야도사

생처팔해하고 이불자이하니 기명왈발타라누진

화며 라린갈보살누진화며 교목도보살누진화며

나라달보살누진화며 수미심보살 누진화며 인저

달보살 누진화며 화륜조보살 누진화며 무연관

보살누진화라

시에 팔보살이구백불언을 하사대 세존은 아등

이어제불소에 득다라니신주하시고 이금설지하

여 옹호수지독송천지팔양경자는 영무공포케하

고 사일체불선지물로 부득침손하니 독경법사가

즉어불전에 이설주왈 아거니 니거니 아비라 만

례 만다례 세존은 약유불선자가 욕래뇌법사라

도 문아설차주하면 두파작 칠분하여 여아리수

지하시고 이시에 무변신보살이 즉종좌기하고

전백불언을하사대

세존은 운하명위에 천지팔양경하고 유원세존은
위제청중 해설기의 영득각오 속달심본 입불지
견하여 영단의회케하소사
불언선재선재라 선남자야 여등은제청하라 오금
위여 분별해설 천지팔양지경이니라 천자는양야
며 지자는음야며 팔자는분별야니 양자는 명해
야라 명해대승무위지리는 요능분별팔식인연이
공무소득이라
우운팔식은 위경하고 양명은위위니 경위상투하
여 이성경고라고로 명팔양경이라 팔자는 시팔

식이니 육근은시육식이라 함장식과 아뢰야식
이 시명팔식이니 명료분별팔식근원이 공무소유
하면 즉지양안이 실광명천이니 광명천중에 즉
현일월광명세존이요 양이는 시성문천이니 성문
천중에 즉현무량성여래며 양비는 시불향천이니
불향천중에 즉현향적여래며 구설은 시법미천이
니 법미천중에 즉현법회여래니라
신은 시노사나천중에 즉현성취노사나불과 노사
나경상불과 노사나광명불이며 의는시무분별천
이니 무분별천중에 즉현부동여래대광불이라 심

은 시법계천이니 법계천중에 즉 현공왕여래니

라 함장식천에 연출아나함경이 대반열반경이며

아뢰야식천에 연출대지도론경이 유가론경이라

선남자야 불즉시법이면 법즉시불이니 합위일상

하여 즉현대통지승여래니라

불설차경이 일체대지가 육종진동하고 광조천

지하니 무유변제하고 호호탕탕하니 이무소명이

라 일체유명은 개실명랑하고 일체지옥은 병개

소멸하고 일체죄인은 구득이고니라

이시 대중지중의 팔만팔천보살이 일시에 성불

하니 호왈공항여래응정등각이라 겹명은 이구요

국호는 무변이니 일체인민이 개행보살육바라밀

무유피차하여 중무쟁삼매하면 체무소득하고 육

만육천비구비구니와 우바새우바이는 득대총지

하여 입불이법문하고 무수천룡야차와 건달바와

아수라와 가루라 긴나라 마후라가 인비인등하

고 득법안정하여 행보살도하느니라

약부유인이 득관등위지일과 급신입택지시에 잠

독차경삼편하면 심대길리하며 선신이가호하니

연연익수하여 복덕구족하느니라

선남자야 약독차경일편하면 여독일체경일편이
요 약사일권이면 여사일체경일부라 기공덕은
불가칭불가량 득허공이니 무유변제하여 성성도
파하느니라
부차무변신보살마하살 약유중생 불신정법 상생
차견 홀문차경 즉생비방 연비불설 시인 현세 득
백나병 악창농혈 변체교류 성조취예 인개증질
호영지일에 즉타아비무간지옥 상화철하 하화철
상철상철차는변체천혈 융동관구 근골 난괴 일
일일야 만사만생 수대고통 무유휴식 방사경고

획죄여시

불위에 죄인이 이설게언을 하사대 신시자연신이

면 오체자연족이요 장내자연장이면 노즉자연로

며 생내자연생하니 사즉자연사라 구장부득장이

면 구단부득단이라 고락여자당하고 사정유여이

라 욕작유의공이니 독경막문사라 천천만만세에

득도전법륜이라

불설차경이 일체대중에 득미중유하여 심명의정

하니 환희용약으로 개견제상비상하 고입불지견

하고 오불지견하며 무입무오하고 무지무견하니

◉ 옥 추 경 (신장의 위력으로 귀신의 뼈가 녹는다는 경으로 팔양경이 어머니라면 옥추경은 아버지다 정신이상 미친굿에 사용)

재옥청천장

보화천존 재옥청천중여시방 제천제군 회어옥허

구광지천 울소미라지관 자극곡밀지방 열태유벽

요지급 고동미명신지서 고두접이 세의충현 제

다배신좌우축척 천존연좌낭송동장 제천제군장

음보허 채녀선추산화선요 부상인령유희취궁 군

선도전선절후월 용기난로표요태공 병집우옥범

뢰사계백장

시유뢰사호응 어선중중월반이출 면천존전부신

작례 발변장궤 삼백천존언 천존대자 천존대성

위군생부 위만영사 금자제천 함차향적 적견천

존열보급 고경서 어중비색 불가루계 유유옥소

일부 소통삼십육천 내원중사 동서화대 현관묘

각 사부육원 급제유사 각분조구 소이총오뢰 천

림삼계자야천존 지황친지서정 차등소조 이하이

언 득이추복 원고욕문

선훈숙세장

천존언 뢰사호응 이등선경 저훈숙세 루행작생

고득옥부등용 경궁간록 금자훈행 시숙작다 이

기실력 뢰사위심화부 일부일 세부세 훈순행저

성제신융 극중고진 즉계묘도 유시 뢰부귀신 주

로석역 동유추초 대즉고륙 설운조설 무유이시

격룡명아 차식피차 피소인고 이기이언 뢰사호

응급 저천저선 용이이묵천존 소수구봉단아의

수거금광 명지여의 랑풍청미기운 옥녀천존 적
연양구

심봉차도장

천존언 오석오천 오백겁이선 심봉차도 수위상

진의양차공 수권대화 상어대라 원시천존전 일

청정심 발광대원 원어미래세 일체중생 청룡귀

신 일청오명 실사초환 여소부자 오당이신 신지

이등 세심위인선설

지도심요장

천존언 이저천인 욕문지도 지도심요 부재기타

이기욕문 무문자시 무문무견 즉시진도 문견역

민유이이 상이비유 하황우도 불문이문 하도

가담

도이성입장

천존언도자 이성이입 이묵이수 이유이용 용성

사우 용묵사늘 용유사졸 부여시즉 가여망형 가

여망아 가여망망 입도자지지 수도지근 용도자

지미 능지미즉 혜광생 능지근즉 성지전 능지지

즉 태정안 태정안즉성지전성지전 즉혜광생 혜

광생즉 여도위일 시명진망 유기망이불망 망무

가망 무가망자 즉시지도 도재천지 천지불지 유

정무정 유일무이

연묘보장

천존언 오금어세 하이리생 위제천인 연차묘보

득오지자 비제선조 학도지자 신유기수부 풍토

부동즉 품수자이 고위지기 지우부동 즉 청탁자

이 고위지수 수계호명 기계호천 기수소유 천명

소곡 약득진도 우가이지 탁가이청 유명비지 무

혼혼 탁명명 역품토품 수지이지 천지신기기 사

인불지 즉활자연 사지기불지 즉역활자연 자연

지묘 수묘어도 이소이묘 즉자호불지 연오도즉

지미시유시 우지탁지 제천문이 사중함열

설보경장

천존언 오금소설 즉시옥추보경 약미래세 위제

중생 득문오명 단명심묵상 작시염언 구천응원

뇌성보화천존 혹일성 혹오칠성 혹천백성 오즉

화형시방 운심삼계 사칭명자 함득여의 시방삼

계 제천제지 일월성신 산천초목 비주준동 약유

지무지 천룡귀신 문제중생 일칭오명 여유불순

자 곡수고심 화위미진

학도희선장

천존언 오시구천 정명대성 매월초록 급순중순

일 감관만천 뷰유삼계 약혹유인 욕학도 욕희선

욕관구현 욕석삼재 답명정일도사 혹자동친 우

어루관 어가정 어리사 작수권화 과송차경 혹일

과 혹삼오과 내지수십백과 즉득신청기상 심광

체반 범소희구 실응기감

수구령장

천존언 신중구령 하불소지 일활천생 이활무영

삼활현주 사활정중 오활단열 유활회회 칠활단

원 팔활태연 구활영동 소지즉길 신중삼정 하불

호지 일활태광 이활상령 삼활유정 호직경 오십

번만육맥창렴 사지실령 백절고급 선송차경

632

오행구요장

천존언 약혼유인 오행기건 구료금기 연봉형충

운치극전 고신과숙 양인검봉 겁살망신 귀문구

문 녹조파패 마락공망 동용흉위 행정감남 즉송

차경 상천천관 해천액 지관해지액 수관해수액

오제해 오방액사성 해사시액 남신 해본명액 북

두해일체액

침아고질장

천존언 침아복침 고질압신 적시불요 구의망효

633

오신무주 사대불수 혹시오제 삼관지전 태산오

도지전 일월성신지전 산림초목지전 영단고덕지

전 성황사묘자전 이향정조지전 사관탐루지전지

부삼십육옥 명관칠십이사 유저원왕 치차견전

혹맹저주 서지초초 칙책타부상지소치 삼세결

혼 루겁홍구 날고기우 고기집대 개당수사 즉송

차경

관부장

천존언 천관부 지관부 년월일시 각유관부 방우

향배 각유관부대즉관부 소즉구설 시유적백 구

설지신 이주지범제 동작흥거 출입기거 불지피

기여우관부구설 즉 사인격괄 효 야전초 다초순

문 면신배기 동치구아 맹신저불 시우방독 종후

후지 유시옥송 생언형언존언 언약욕탈지 즉송

차경 수득구설 전소 관부영식

토황장

천존언 토황구루기사 천이백신 토후 토백 토공

토모 토자 토손 토가권속 약태세 약장군 약태백

약구량 약검봉 약자웅 약금신 약신황 약

당명 약삼살 약칠살 약황번표미 약비렴도첨 여

시등 토가신살 약인홍수복축 일흑범지 즉치병

환 이홀상망 자송차경 즉 만신개기 천무기 지무

기 음양무기 백무금기

혼합장

천존언 세인부부 기어혼합 혹범함지 혹범천구

삼형육해 격각교가 고음과양 천라지망 간어사

식 다시고독 약욕구남 즉송차경 당유구천 감생

대신 초신섭풍 수생현자 어기생산지시 태을이

문 사명재정 혹유원건 혹유금기 혹유흉액 치령

난산 독송차경 즉득구천 위방성모 묵여포송 고

득 임분유경 좌초무우 범유영해 재어강보 위전

단신 왕자하일 십오종귀 가제뇌해 인다경한 의

송차경

오서장

천존언 약인거지 오서성요 사충가열 포박척 와

경계롱구 요구제사 이지영협몽핍 급어간도이 갑

거기소거 이위소혈 수사생인 피옥 정호불청 야

소어량 주감기실 우마견가 역조온역 화련골육

재급자생 음사요사 당비신간 조객빈잉 상거첩

출약송차경 즉사귀정멸상 인물함녕

벌묘견숭장

천존왈 구천뢰공장군 오방뢰공장군 팔만운뢰장

군 오방만뢰사자 뢰부총병신장 막잠판관 발호

시령 질여풍화 유모가별 유단가격 유요가제 유

승가견 계세말법 다제무격 사범유행 음사염도

시고상청 내유천 연금귀록간지정 제유속요고

사지방 능송차경 기응여향

고로채장

천존언 천온지온 이십오온 천고지고 이십사고

천채지채 삼십육채 능송차경 즉사온황 청정고

독소제 노체평복 역유기유 혹자선망부련 혹자

복시고기 혹자청송묘주 혹자사혼염아 혹자시기

감초 범차귀신 혹비사 혹애한 결연집중 병연주

사 승극사간 내득기편 고차경자 상통삼천 하철

639

구천 가이추천혼상 초도조현태상견 소거백마대

장군 이감지

원행장

천존언 약혹유인 치장원행 적도빈간 오병가해

육행즉 호랑소 마기아 수행즉 교룡원타 장기이

혹탄뢰유 유황지온 혹풍도 유겁수지회 전망후

화 착생대사 능어차경 귀명투성 고득 수륙평강

행장협길

향향우택장

천존언 향양위학 우택건기 계상차경 응시감주

적음위려 위수칩흠 계상차경 응시랑제 축융선

화비화민거 적서유성 경설려서 차경가이양지

해약실경 어별망행 홍수도천 민생점익 차경가

이지지

면제횡장

천존언 세인 욕면삼제 구횡지액 즉어정야 게수

북신 북신지상 상유삼태 기성병전 형어쌍독 첩

641

위삼급 이복두피 시명천계 약인견지 생전무형

수지우 신우불윤 몰지고 두중부유존제이섬 대

여거륜 약인견지 유형주세 장생신선 귀명차경

투심북극 즉유명감 두위천추 중유천강 재내즉

위렴정 재외즉위파군 뇌성섭이문병수천 강지수

지 강성지축 기신재미 소지자갈 소재자흉 의위

개연 수가천세

오뢰참감장

천존언 세쇄도미 인무덕행 불중군왕 불효부모

불경사장 불우형제 불성부부 불의붕우 불외천

지 불구신명 불례삼광 불중오곡 신삼구사 대칭

소두 살생해명 인백기천 간사사음 요무반역 종

미지저 삼관고필 태을이문 즉부오뢰 참감지사

선참기신 후감기형 참신주혼 사지전도 인소비

천 인소겸해 인소원학 이치감형진시 사지붕열

구기권수 역기구거 월회순교 부유고락 일문차

경 기죄즉멸 약혹유인 위로소신 기시불거 수화

불수 즉칭 구천응원 뇌성보화천존 작시염언 만

신계수 함청오명

보경공덕 장

천존언 차경공덕 불가사의 왕석겁중 신소옥청진

왕 장생대제 소희선설지사 수경개당 전금치패

맹천이전 뢰사호응 장궤배웅 중백천존언 시경제

처 당령토지사명 수소수호 뢰부안림 이시계심

약인가유차경 지지성안봉 즉득 상연만정 경운음

헌 화탄불맹 길복퇴치 우기망몰 불경지옥 소이

자하 사즉왕생 생기전도 용천존력 유차령통 출

입기거 패대차경 중인소흠 귀신소외 우제험란

일칭오명 구천응원뇌성보화천존 심득해탈

어시 뢰사호응 대천존전 이설계왈 무상옥청왕

통 천삼십육 구천보화군 화형시방계 피발기기

린 즉각석층빙 수파구천기 소풍편뢰정 능히지

혜력 섭복제마정제 도장야혼 이익어중생 여피

은하수 천안천월순 서애미래세 영창천존고 시

뢰사호응 설시계이

보응장상

천존언 차경 전세인미지 오금소치 구천뇌원부

부유구천 뢰문사자 이규록전자 렴방전자 좌지

부유사자 일왈약잉사 이왈적제사 삼왈유왕사사

왈보응사 각유대부 이장기사 오지소리 경사

사상 함찬원하

보응장하

천존언 설시경필옴 범칠보충대 천화빈분 경향

요요 시방제천 제군 함칭선재 천룡귀신 뢰부관

중 삼계만령 개대환희 신수봉행

646

● 신장퇴문

수화상탕분건곤　대우조정열만상

팔역시방각유계　영정신동왈천지

대도일혜지만협　이기수경함왕복

성공혁조편제토　오행종렬양만물

사생륙도설음약　형유지우령귀신

업풍취도귀요란　하계균생침륜회

마양음도 간작얼　적입보장 배천리

오형산란변만신　리매망양회무현

뢰성일직옥추부 　 자미진령입삼매

사십팔장강마검 　 타파곤륜포사정

오방신장열기번 　 흉예소탕일월청

산신토지문송경 　 시위오신제만겁

철요구원혼백안 　 청룡백호불이방

천관률령막감위 　 음사요월수철위

삼계마왕속수장 　 오악귀졸화미신

파순살귀귀성역 　 지중음괴각정로

삼십육천뢰률령 　 칠십이지신위력

시방허공은미진 군생안락영태평

서라일월호건곤 삼십륭궁도춘광

유정무정환선악 척거망념환본제

보화천존섭호령 진토찰라유리계

군성만령증상천 사십팔장종부도

산왕호산신수가 오도팔방신안녕

청룡지신환동방 백호지신귀서방

주작지신정남방 현무지신지북방

구진등사음양신 보우중앙호인도

양신상승음신하　주신야신귀일월

리환명당신상녕　요화오장신수정

동신정신준법도　각술신병안방위

구천응원뇌성보화 천존 급급여률령 사바하

위패 쓰는 법

친정

	여		남
자 삼 혼 구 백 전 주 이 씨 영 가 지 위	參 魂 九 魄 全 州 李 氏 靈 駕 之 位	자 삼 혼 칠 백 전 주 이 씨 영 가 지 위	參 魂 七 魄 全 州 李 氏 靈 駕 之 位

시댁

	여		남
자 삼 혼 구 백 김 해 김 씨 영 가 지 위	參 魂 九 魄 金 海 金 氏 靈 駕 之 位	자 삼 혼 칠 백 김 해 김 씨 영 가 지 위	參 魂 七 魄 金 海 金 氏 靈 駕 之 位

대동경문집 오디오북 CD

대동경문집 1집(가택축원)

1.초경 / 2.육계주 / 3.부정경 / 4.태을보신경 / 5.당산경
6.역대축원문 / 7.성조경 / 8.성조축설경 / 9.가택축원
10.성조풀이 / 11.팔괘축원문 / 12.명당경

대동경문집 2집(령신강신주)

1.신장봉청
2.령신대축강신주
3.회심해원경

대동경문집 3집(신장대축)

1.신장대축 / 2.제자축원
3.택축 / 4.사자축귀경
5.병자축원

대동경문집 4집(조상축원)

1.조상축원
2.청춘남녀해원경

육갑해원경 5집(경문집)

1.육갑해원경

회심해원경 6집(경문집)

1.회심해원경

대동경문집 오디오북 카세트 테이프

대동경문집 1집
(가택축원)

앞면
1.초경 2.육계주 3.부정경
4.태을보신경 5.당산경 6.역대축원문
뒷면
1.성조경 2.성조축설경 3.가택축원
4.성조풀이 5.팔괘축원문 6.명당경

대동경문집2집
(령신강신주)

앞면
1.신장봉청
2.령신대축강신주
뒷면
1.회심해원경

대동경문집3집
(신장대축)

앞면
1.신장대축 2.제자축원 3.택축
뒷면
1.사자축귀경 2.병자축원

대동경문집4집
(조상축원)

앞면
1.조상축원
뒷면
1.청춘남녀해원경

육갑해원경5집
(경문집)

앞면
1.육갑해원경
뒷면
1.육갑해원경

회심해원경6집
(경문집)

앞면
1.회심해원경
뒷면
1.회심해원경

대동경문집 SET(상.하)

대동경문집(상)

1.대동경문집1집(가택축원)
2.대동경문집2집(령신강신주)
3.대동경문집3집(신장대축)

Traditional music of shamanism

대동경문집 SET(상.하)

대동경문집(하)

4.대동경문집4집(조상축원)
5.육갑해원경5집(경문집)
6.회심해원경6집(경문집)

Traditional music of shamanism

한국정통 무속 신내림

정가 / 50,000원

초판인쇄일 / 불기 2560(2016) 8월10일
초판발행일 / 불기 2560(2016) 8월22일

지은이 / 송경법사 김종기
발행인 / 유병직 PD
발행처 / 한국정통무속신내림연구원
　　　　도서출판 가람
연락처 / 03384 서울 은평구 녹번로 10
　　　　(녹번동, 세민빌딩 1층)
　　　　T.02)352-3535 F.02)358-8119
상담문의 / 011-9404-4605(송경법사 김종기)

ISBN 978-89-967566-1-3